点击管理效应

管理 是撬动企业和个人事业的杠杆

管理效应 是杠杆的支点

赵建平　张喜亭 ◎ 编著

企业管理出版社
ENTERPRISE MANAGEMENT PUBLISHING HOUSE

图书在版编目（CIP）数据

点击管理效应/赵建平，张喜亭编著. —北京：企业管理出版社，2011.6
ISBN 978-7-80255-811-3

Ⅰ. ①点… Ⅱ. ①赵… ②张… Ⅲ. ①企业管理 Ⅳ. ①F270

中国版本图书馆 CIP 数据核字（2011）第 082254 号

书　　名：	点击管理效应
作　　者：	赵建平　张喜亭
责任编辑：	刘　刚
书　　号：	ISBN 978-7-80255-811-3
出版发行：	企业管理出版社
地　　址：	北京市海淀区紫竹院南路 17 号　邮编：100048
网　　址：	http://www.emph.cn
电　　话：	总编室 （010）68420309　发行部 （010）68701638
	编辑部 （010）68701661
电子信箱：	emph003@sina.cn
印　　刷：	三河市南阳印刷有限公司
经　　销：	新华书店
规　　格：	170 毫米×240 毫米　16 开本　14 印张　230 千字
版　　次：	2011 年 7 月第 1 版　2011 年 7 月第 1 次印刷
定　　价：	32.00 元

版权所有 翻印必究·印装有误 负责调换

前　言

置身于信息时代的我们，只要进入因特网，登录任意一个中文网站，输入关键词"效应"二字，轻轻点击一下"搜索"，便会有无数个"效应"呈现于眼前。有的网站还开辟"每周一问"专栏，推出和讨论一些"效应"。可以说，"效应"已成为网上的热门话题，篇幅之多令人目不暇接，内容之新令人赏心悦目，道理之深令人倍受启发。

欣赏之余，我们也在思考，若将某些"效应"移植到管理上，加上平时感悟到的一些效应，整合分类，逐一解读，汇聚成册，将对企业管理和个人事业的发展有所启发和帮助。基于这一动因，我们编写了《点击管理效应》一书。

在编写本书时，我们一是突出条理化，将管理效应梳理排队，分篇解读。每篇有 10 多个管理效应，显得眉清目楚，便于读者分类查找和选读；二是注意规范化，对每个管理效应进行认真整理，做了比较详尽的解读，除少数篇目外，一般由"由来"、"哲理"、"案例"、"启示"和"注意事项"5 个部分组成，基本的构思与写作轨迹是：由一个论断、一个实验、一个典故或一种现象归纳出一种管理效应，引申出几条哲理，辅以正面或反面的案例，阐述几条有益的启示，并强调运用效应时需要注意的有关事项，每篇大约 4 000 字，具有资料性、通俗性、可读性、启发性和实用性，是员工培训和企业管理者日常学习的理想用书。

或许有的读者会说，我们需要的是拿来就能用的原原本本的规章制度、生产流程、营销战略与策略，这本书说的效应都是心理活动，讲的是思想、思路，离我们的需求远了点。应该说，上述说法是实情，但也有偏颇。所谓实情，本书讲的的确是思想、思路、观念，它不是现成的规章制度，而是产生和落实规章制度的思想；不是工艺流程，而是革新和运用工艺流程的动机；不是战略与策略，而是制定和实施战略与策略的思路；不是管理活动，而是选取管理方式的动因；不是知识修养，而是对待知识的态度；不是利润，而是人们对待利润的心理；也不是舒适优美的工作环境，而是对工作环境的感情。但这些思想、思路是灵魂，是内在素质，无时无刻不渗透在企业和个人的一切活动之中。教育心理学有句经典名言："播下一种思想，收获一种行为；播下一种行为，收获一种习惯；播下一种习惯，收获一种性格；播下一种性格，收获一种命运。"也就是说，思路决定出路，脑袋决定口袋，素养决定成败，品质成就未来。一句话："思想决定命运"。如果说，管理是撬动企业和个人事业的杠杆，那么这一个个效应就是杠杆的支点。

现代信息社会让人们获取信息更加方便快捷，本书在编写过程中也切实感受到了社会知识共享的实惠，有许多资料来源于网络。抱歉的是，由于网络上转载颇多，标明出处颇少，很难找到原始资料的出处，导致该注明出处的地方不能如愿。可以说，本书吃的是百家饭，穿的是百家衣，却没有找到各家的"门牌号"。尽管如此，我们不能"吃水忘了挖井人"，在此真诚地对所有为我们提供"营养"的人说一声谢谢！

社会的进步、认识的深化，让许多书籍在出版之后留有遗憾，本书也不例外。加上受职业风格所限，本书在构思的合理性、观点的准确性、内容的精炼性、语言的流畅性、文字的新颖性等诸多方面可能存有一些缺陷，显得不够生动活泼。因此，本书不求妙笔生花、完美无瑕，但求抛砖引玉、给人启迪，希望读者阅读后能够生发出更新更多更好的管理思路，不断提升管理水平，推动企业管理的进步。

本书的编写，得到张峰、陈雨、周云忠、赵煜、卢东、赵巍、邵云峰、赵永强、吴东利等许多热心的朋友的大力支持和帮助，特别是在初稿完成后，原中原石油报副总编旷朝华同志对本书思路的调整提出很好的建议，对内容和文字做了精心的修改。我们表示衷心地感谢。

作　者

目录 CONTENTS

前言

成功篇

1. 一碗米效应 —— 每个人都是一座取之不尽的宝藏 / 3
2. 野心效应 —— 心想才能事成 / 8
3. 贝尔效应 —— 信念让成功更靠近 / 12
4. 亨利效应 —— 自信是心中的内燃机 / 15
5. 卖斧子效应 —— 因为失去自信，有些事情才难以做到 / 19
6. 约翰·库提斯效应 —— 别对自己说"不可能" / 23
7. 居里夫人效应 —— 热情是成功的心脏，执着是成功的翅膀 / 27
8. 比伦效应 —— 失败只是暂时的不成功 / 31
9. 甩手效应 —— 简单不等于容易 / 37
10. 攀岩效应 —— 一着不慎，全盘皆输 / 41
11. 飞轮效应 —— 中途不歇脚，定能基业常青 / 44

方法篇

12. 橘子效应 —— 凡事把握本质，找准对策 / 49
13. 甜甜圈效应 —— 突出重点，兼顾一般，平衡发展 / 53
14. 权变效应 —— 管理是科学，更是一门艺术 / 57

15. 变形虫效应	善变才会赢 / 61
16. 多米诺骨牌效应	星星之火,可以燎原 / 65
17. 分马效应	用非常规的办法智慧地解决问题 / 69
18. 刺猬效应	解决问题最需要的不是复杂,而是简单 / 73
19. 智懒效应	智慧的"懒惰"比缺少智慧的 "勤奋"更有效 / 76
20. 瓶颈效应	事物总是伴随着一个个瓶颈的突破而发展的 / 79
21. 标杆效应	正面榜样的力量无穷,反面典型的危害巨大 / 82
22. 树根效应	学习力、文化力是企业的生命之根 / 87
23. 观赏驼效应	才尽其用,为员工搭建充分施展才智的舞台 / 90
24. 超限效应	防止就一个问题过多过强地刺激下属 / 95
25. 破窗效应	防微杜渐胜过亡羊补牢 / 98

沟通篇

26. 避雷针效应	沟通是企业的"避雷针" / 103
27. 秀才买柴效应	沟通要看人说话,成功75%靠沟通 / 106
28. 牢骚效应	把郁闷牢骚发出去,把快乐心情找回来 / 109
29. 聊天效应	聊天也是淘金 / 113
30. 名片效应	只有"自我暴露",才有"熟识吸引" / 117
31. 和声效应	异口同声并非绝对的好事 / 121
32. 教练效应	伯乐重要,"驯马师"更重要 / 125
33. 禅师效应	身教重于言传 / 129
34. 二十一天效应	新理念、新习惯的形成如同鸡蛋孵化小鸡 / 133
35. 上朝效应	沟通需要有序化、规范化 / 136

激励篇

36. 金字塔效应	心情决定激情，激情决定成效 / 141
37. 保龄球效应	赞扬比惩罚更重要 / 144
38. 肥皂水效应	让被批评者在温情脉脉的情绪中接受批评和建议 / 148
39. 鲜花效应	批评过分应及时送去"鲜花" / 153
40. 三明治效应	批评让人改正缺点，追求进步，健康成长 / 157
41. 罗森塔尔效应	"暗示"和"期望"具有神奇魔力 / 160
42. 一条腿效应	善用掌声，做点燃员工激情的激励大师 / 164
43. 踢猫效应	控制不满情绪四处蔓延，避免泄愤连锁反应 / 167
44. 花生试验效应	良好的氛围能促进事件发展 / 171
45. 满意牛效应	造就"满意员工"是企业的第一要务 / 174
46. 涌流效应	开启管理的按钮，让员工的激情迸发出来 / 178

竞合篇

47. 老虎效应	合作大于竞争 / 183
48. 三十秒效应	胜负有时只差30秒 / 186
49. 马蝇效应	有马蝇叮咬，再懒惰的马也会飞快奔跑 / 189
50. 鲶鱼效应	竞争犹如催化剂，可以最大限度地激发人的潜力 / 193
51. 美洲虎效应	竞争对手是你成长的好帮手 / 196
52. 藏獒效应	困境与竞争是造就强者的学校 / 199
53. 森林狼效应	护弱损害效率，竞争带来繁荣 / 202
54. 鲨鱼效应	先天不足不一定是坏事，努力能让劣势变成优势 / 205
55. 雁阵效应	良性竞争，能者为先 / 209
56. 拉锯效应	合群永远是一切善良人的最高境界 / 212

成功篇

一碗米效应	每个人都是一座取之不尽的宝藏
野心效应	心想才能事成
贝尔效应	信念让成功更靠近
亨利效应	自信是心中的内燃机
卖斧子效应	因为失去自信，有些事情才难以做到
约翰·库提斯效应	别对自己说"不可能"
居里夫人效应	热情是成功的心脏，执着是成功的翅膀
比伦效应	失败只是暂时的不成功
甩手效应	简单不等于容易
攀岩效应	一着不慎，全盘皆输
飞轮效应	中途不歇脚，定能基业常青

1. 一碗米效应

每个人都是一座取之不尽的宝藏，只要合理挖掘，充分利用，都能促其思想和行为发生质的变化，实现人生价值最大化。

一碗米效应的由来

禅学中有这样一个故事：徒弟问师傅，一碗米有多大的价值？师傅说，这太难说了，要看在谁手里。要是在一个家庭主妇手里，她加点水蒸一蒸，就是几碗米饭的价值。要是在小商人手里，他把米好好泡一泡，加一些红枣、花生或一些肉，用粽叶包一下，一上市就是二三十块钱的价值。要是到一个更有头脑的大商人手里，把它适当地发酵、加温，用心地酿造成一瓶美酒，有可能是一两百块钱的价值。所以一碗米到底有多大价值，取决于拥有这碗米的人。

这个过程形象展示了人生成长过程中不同价值观演变的结果。每个人最初的价值都是"一碗米"，随着时间的推移，人和人的价值观拉开了差距，有的人自始至终保持"一碗米"的原态，庸庸碌碌，终其一生，一事无成；有的人勤于学习，握有一技之长，小有所成；有的人却一直没有停下自己的脚步，寻找一切机会提升能力，终成众人仰慕的佼佼者。这些变化在很大程度上取决于每个人对"一碗米"的加工程度。这就是我们要说的一碗米效应。

一碗米效应的哲理

"一碗米"效应演绎了一个人生哲理：视野决定高度，高度决定境界，境界决定前程。人的价值大小不在于人的本身，而在个人的学习与创造能力；眼界宽一点，思想才会深一点，思想深一点，价值才会高一点。

人生有"价差"。成功没有统一标准，人生价值却有迥异。每个人都有自己的人生目标，实现了目标就是成功。目标是什么？是成功的标准。把"一碗米"加工成米饭、做成粽子、酿造美酒，都可称得上是成功。但是，体现于成功的价值却有大有小。要获得人生价值的最大化，必须下大力气，对自己人生的这碗米进行精加工。

谋事在人。万事万物都是在发展变化的，人更不例外。但发展变化的条件主要在于内因。人生这碗米的价值高低，全靠个人加工。有的从"一碗米"变成"一瓶酒"，有的从"一碗米"变成"一顿饭"，有的"一碗米"还是"一碗米"，甚至"一碗米"也损失殆尽。用赵本山小品中的一句经典语言描述："人的差距咋就这么大呢？"不是巧妇难为无米之炊，而是一份耕耘、一份收获。从时空角度分析，加工的时间越短，离原来的形态越近，价值就越低；加工的时间越长，离原来的形态越远，价值也就越大。要实现人生价值的最大化，就要善于加工自我、改善自我、发展自我，不断拓展自己的价值空间。

酿造美酒的结果是快乐的，过程却是痛苦的。没有人一生下来就是无所不能的天才。从一碗米到一瓶酒，要经过高温、填埋、发酵、蒸馏、勾兑等多道工序。这与人的成长过程相似，只有勇敢地付出，才会有非凡的价值。有些人害怕艰苦的生活、寂寞的付出，不敢面对失败、挫折，不愿转变观念、开拓创新，只能原地踏步。很多年过去了，"米"还是原来的"米"，人还是原来的人。而有些人勇于拼搏、不怕困难、持之以恒、艰苦奋斗，最终脱胎换骨。生活如同一锅滚开的水，始终煎熬着人生这碗米，自己以什么样的态度去接受煎熬，结果就是什么样。世界上有许多忧伤困惑、恐惧和迷惘，我们无法改变世界，但我们可以改变自身的态度，按照自己的理想打造自己的人生价值。实现人生价值最大化，必须积极，经得起各种各样的煎熬和打击。

一碗米效应的实例

案例一：贝多芬把人生苦酒酿造成蜂蜜

贝多芬（1770～1827）的童年很不幸福，嗜酒成癖的父亲败光了家业，企图把四岁的贝多芬变成摇钱树，不仅强迫他白天练琴，而且常常半夜三更酗酒回家后把他从熟睡中拖起来拉琴。不满八岁的贝多芬被强迫在寇恩的听众面前表演、卖艺，十一岁就开始在剧院的乐队里工作。严酷的童年生活，使贝多芬很早就走上了独立的以音乐谋生的道路，同时也养成了他坚毅倔强的性格。

1797年后，贝多芬患了耳聋病，病情逐年恶化。病魔限制了他与外界的交往，妨碍了他的钢琴演奏，他不得不放弃演出，长期隐居在维也纳乡村。

面对人生的苦难，贝多芬没有怨天尤人，他用心感悟生活、感受自然，成为一位颇具创造性的作曲家，创作了大量作品。包括9部交响曲、32部钢琴奏鸣曲、5部钢琴协奏曲、10部钢琴小提琴奏鸣曲，还有一系列弦乐四重奏曲、声乐曲、剧乐曲以及许多其它乐曲。他的作品把对生活完美的想象和奔放的感情有机地融为一体。用自己的音乐扣动了人们的心弦。贝多芬最杰出的作品，几乎都是在他耳聋的状态中创作的。

案例二：高士其以病残之躯创作几百万字科普作品

高士其（1905～1988）是我国著名的科普作家和细菌学家。他身残志坚，自20世纪30年代以来，以出众的才华和独特的风格，创作了大量青少年所喜爱的科普读物和别具一格的科学诗，1925年，高士其从清华大学毕业后留美，1927年获得化学与细菌学学士学位，同年转入芝加哥大学医学研究院，专攻细菌学。

在一次实验中，一个装有脑炎病毒的瓶子突然破裂，病毒通过左耳耳膜进入高士其的小脑，破坏了他小脑的中枢运动神经，造成终身无法治愈的残疾。每当疾病发作时，他眼球上翻，脖颈僵直，手足颤抖，痛苦异常，左耳也逐渐失聪。他忍受着疾病的痛苦煎熬，以惊人的毅力坚持读完了医学博士课程，1930年在芝加哥大学医学研究院毕业后回国。

1935年，高士其在杂志社认识了青年哲学家艾思奇，开始深入思考中国社会落后贫穷的根源。在李公朴、艾思奇的热情鼓励下，高士其开始用自己僵直、颤抖的手，从事科普作品创作。他的第一篇科学小品《细菌的衣食住行》发表在《读书生活》半月刊上，从此，高士其以全新的姿态，加入当时还是刚刚开始起步的科普创作行列，成为中国第一批科普作家之一，并为此奉献了一生。他白天被病魔困在椅子上，不能自由地行动，晚上被病魔压伏在床上，不能自由地转身，甚至连一个正常人最基本的动作都需要他人的扶持与帮助。高士其在度日如年中坚持写作，以惊人的毅力创作了几百万字的科普作品，影响了几代青少年，许多人正是读了他的作品而走上科学研究的道路。

一碗米效应的启示

"一碗米"效应对员工提升个人价值、企业加快成长与发展，具有积极的启发作用。

（1）重视自我，超越自我。如何让职工手中的"一碗米"变成"一瓶酒"？这是留给职工个人和企业领导的一个共同的课题。"一碗米"效应告诉我们，一个人的未来不是因为运气、环境，只要你按着希望的方向努力，全身心投入，"一碗米"肯定能升华成"一瓶酒"。一个企业的未来，不是因为做什么、卖什么，也不是因为缺什么，哪怕情况不尽如人意，只要按照既定目标脚踏实地地去做，理想的蓝图就会变为现实。

（2）认识、开发和提升自我。人的可塑性很强，尽管先天条件有差异，却可通过后天的勤奋努力去改变。有些人之所以取得惊人的成就，关键是没有停留在"一碗米"的原始价值上，而是有效开发内在潜力，实现了自我提升。每个人身上都蕴藏着巨大的潜力，这种潜力决定了人不仅是可塑的，而且可以通过努力大幅度提高自身价值。有学者研究认为，绝大多数人的潜能只开发了百分之十左右。美国心理学家威廉·詹姆斯断言："大多数人不论在生理上、精神上还是道德上，都是很有限地利用了他们的潜力，相信这些尚未挖掘的潜力完全可以发挥出来。"

（3）提升价值，要有长远的眼光。人的价值不是一天就能提升的。从"一碗米"到"一瓶酒"的价值开发，是一个漫长的过程。在信息膨胀、知识爆炸、创意不断的现代社会，只有不断学习、不断积累、不断充电，知识才不会老化，思想才不会僵化，能力才不会退化。一个不爱学习、不思进取的人，只能保持"一碗米"价值。相反，心怀忧患、终身学习的人，眼界才会越来越开阔，思想才会越来越深刻，境界才会越来越高远，能力才会越来越强，价值才会越来越大，奉献才会越来越多。每个人生命中都有一个坐标体系，重要的是给自己设定一个最大的生命格局。

（4）贵在一颗勇敢的心。改变是痛苦的，是需要勇气的。人生最大的敌人是自己，人生最大的失败是懒惰，人生最大的错误是自弃，人生最可怜的性情是自卑，人生最可怕的作为是只说不动。其实，人生就是挑战。一个消极的人，只会从机会里看到问题；一个积极的人，却能从难题里看到机会。任何改变都需要付出，但过程却是痛苦的，只有量的积累，才会发生质的飞跃。勇敢者不呻吟，不悲伤，也不祈求上帝的拯救，而要咬紧牙关，挺起胸膛，勇敢地向逆境挑战，耐得住寂寞，忍受住痛苦的煎熬，失落的太阳就会重新升起，终会迎来"柳暗花明又一村"。

（5）要有恒心。从米到美酒的过程是很漫长的，要有一颗宁静的心。有些人急躁、浮躁，缺乏脚踏实地的心胸和境界。成功和失败的差距其实很小：成功就是我付出了100%，失败就是我只付出了99.9%，差距不过0.1%。我们千万不要因为缺少了一点点的恒心和毅力而功亏一篑。

运用一碗米效应需要注意的问题

（1）激发进取精神。一些人刚到而立之年，就用"人过三十不学艺"的俗话做托词，安于现状，不思进取。偶尔学习，学的却是"谋人"的本事，偏爱琢磨人而不琢磨事。这是认识的谬误。"艺多不压身"，技能是谋生之本。在当今这个多元化的世界里，作为一名员工要生存、要获得赏识，就要想干事、能干事、多干事、干成事，这才是成功之道。

（2）为员工改善成长环境。提升"一碗米"的价值，主要靠主观上勤奋和刻苦，同时也离不开客观条件。如同鸡蛋孵化小鸡，没有孵化床，没有合适的温度，鸡蛋永远是鸡蛋。作为企业和管理者，要理解员工提升自身价值的心情和欲望，想方设法改善员工的工作学习条件，加强员工的技能培训，为员工的成长成才创造有利条件，使员工能力有质的飞跃。还要帮助员工制定职业生涯规划，让员工充分挖掘自身的潜能，实现人生价值的最大化。

（3）引导员工既会做事又会做人。员工重视自己的"一碗米"，学会加工自己，提升自己的价值空间时，不仅要注意增长智力，提高业务技能，还要注意情商培养，学会沟通，建立良好的人际关系，能够与人为善，合作共事。对于每个人而言，智商与情商如同自行车的两个轮子，缺一不可。会做人，不能做事，自然做不成事；能做事却不会做人，也很难成功。因为做事不是单打独斗，需要团队配合。与人关系紧张，就会失去协同者。如同我们平常比喻的那样："满腹经纶，浑身本事，却不会为人处事，就像带着满袋黄金上街，却没有打电话的零钱。"

2. 野心效应

心想才能事成。野心是永恒的特效药,是所有奇迹的萌发点。

有一句谚语说得好:"有野心的人抓大鱼。"

野心效应的由来

1998年,年轻的传媒大亨巴拉昂因前列腺癌在法国博比尼医院去世。临终前留下遗嘱,把他价值4.6亿法郎的股票捐献给博比尼医院;另有100万法郎作为奖金,奖给揭开贫穷之谜的人。

巴拉昂去世后,法国《科西嘉人报》刊登了他的一份遗嘱。他说:我曾是一位穷人,去世时却是以一个富人的身份走进天堂的。在跨入天堂的门槛之前,我不想把我成为富人的秘诀带走,现在秘诀就锁在法兰西中央银行我的一个私人保险箱内,保险箱的三把钥匙在我的律师和两位代理人手中。谁能通过回答"穷人最缺少的是什么"这个问题而猜中我的秘诀,他将能得到我的祝贺。当然,那时我已无法从墓穴中伸出双手为他的睿智欢呼,但是他可以从那只保险箱里拿走100万法郎,那就是我给予他的掌声。

遗嘱刊出之后,《科西嘉人报》收到大量的信件,其中有48 561人寄来了答案。

巴拉昂逝世周年纪念日,律师和代理人按巴拉昂生前的交代在公证部门的监督下打开了那只保险箱,公开了他致富的秘诀。他认为:穷人最缺少的是成为富人的野心。

而在48 561封来信中,有人认为穷人最缺少的是金钱,有人认为是机会,技能,有人认为是关爱,甚至是工作职位,等等。只有一位年仅9岁叫蒂勒的小女孩想到,穷人最缺少的是野心。

在颁奖之日,《科西嘉人报》带着所有人的好奇,问9岁的蒂勒,为什么想到的是野心,而不是其他。蒂勒说:"每次我姐姐把她11岁的男朋友带回家时,总是警告我说不要有野心!不要有野心!我想,也许野心可以让人得到自己想得到的东西。"

巴拉昂的谜底和蒂勒的回答见报后，引起不小的震动，一些好莱坞的新贵和其他行业几位年轻的富翁就此话题接受采访时，都毫不掩饰地承认：野心是永恒的特效药，是所有奇迹的萌发点。某些人之所以贫穷，大多是他们有一种不可救药的弱点，即缺乏野心。

巴拉昂的谜底应了一句谚语："有野心的人抓大鱼。"这就是野心效应的真谛。

野心效应的哲理

（1）野心是一种强烈的成功欲望。野心是一个中性词，与梦想、理想、进取心一样，都是形容人们对未来的向往的词汇。与梦想、理想相比，野心有具体目标，与上进心、进取心相比，野心的目标远大。想当主管叫进取心，想当总经理就是有野心了。

（2）野心是成功的原动力。野心有多么强烈，产生的动能、爆发的能量就有多大。有了野心，就会怀着火一般的激情谋事做事，逐步摆脱平庸，获得成功。我们的祖先若没有野心，估计人类如今不会比其他动物优异多少。也正是因为有了野心，狄更斯写出不朽的名著，洛克菲勒积攒了一辈子花不完的钱，比尔·盖茨创办微软。可见，野心是人的处事心态，是成功的不竭动力。

（3）野心是一种积极的心态。著名足球教练米卢曾经说过："态度决定一切。"野心在西方人看来就是有理想、愿景、憧憬、梦想、雄心，是一种积极的心态。有了野心，对事业孜孜以求，积极进取；对机遇抓住不放，用好用足；对困难无所畏惧，迎难而上。对失败决不沉沦，找准败因，理清思路，重新再战，直至胜利。

（4）野心是一种顽强的意志。"有志者事竟成"，这句话阐述了"有志"与"事成"之间的辩证关系，也道出"事成"的真谛。"志"是什么？是野心，是永不改变的欲望和恒心，是壮志未酬誓不休的志气。所以，有志者虽历经磨难，却能够获得成功。无志者没有明确固定的目标，朝三暮四，永远也不清楚自己到底要做什么？能做什么？结果一事无成，抱憾终身。

野心效应的实例

古今中外，"野心"勃勃的成功者不胜枚举。诸多的政治家、科学家都以其自身的行动印证了"有志者事竟成"这个道理。

案例一：拿破仑铁蹄踏遍欧洲

"不想当将军的士兵不是好士兵。"这是拿破仑的一句名言，也是他的野心，更是他一生自强不息的真实写照。

拿破仑小时候喜欢独自一人去海滩，汹涌澎湃的大海曾经引起了他的无限遐想。他发誓"要做海浪，把世界踩在脚下。"他9岁入军校学习，16岁顺利通过毕业考试，被授予少尉军衔，24岁被任命为炮兵准将，两年后担任意大利方面军总司令。指挥过无数次战斗，赢得了欧洲第一名将的桂冠。他少年得志，年仅30岁就当了法兰西第一执政，不久自己给自己戴上皇冠，又亲率大军远征，几乎征服了除英国之外的欧洲各国，建立了盛极一时的法兰西帝国。

案例二：哈佛学生的野心

野心，在哈佛得到了淋漓尽致的体现！哈佛毕业生的一个共同的特点，就是有着近乎野心的强大自信！"世界最优秀的人才是我们！"、"我能成为世界上最大、最好的CEO！"这种野心是哈佛的宝贵财富，造就了一批又一批政治家、科学家和工商管理精英。ABC著名电视评论员乔·莫里斯在哈佛350周年校庆时说："一个培养了6位美国总统、33位诺贝尔奖获得者、32位普利策奖获得者、数十家跨国公司总裁的大学，她的影响力足以支配这个国家……"

野心效应的启示

在中国人心中，野心是纯正的贬义词。而随着东西方文化的对接，按照新的释义和理解，野心对于我们是必要的、有益的。

"野心勃勃"才能有所改变。前几年，电视里曾经播放记者与一位山沟里放羊娃的对话："放羊为了什么？""挣钱。""挣钱为了什么？""盖房。""盖房为了什么？""娶婆姨。""娶婆姨为了什么？""生娃。""生娃为了什么？""放羊。"对话非常简单，但道理非常深刻，一个人没有"野心"，没有"梦想"，没有改变人生的诉求，只有安于现状，重复祖祖辈辈的简单生活，是不可能改变处境的。决定成功的要素颇多。有的人曾经用"二八率"做过这样的推断：100个人中有"野心"的人不到20%，100个有野心的人中真正付诸行动的不到20%；100个付诸行动的人中取得成功的不到20%。可见，有"野心"未必就能做成大事。但是，"野心"是成功的前提，所以，要想有所改变，成就大的事业，必须要有野心。

运用野心效应需要注意的问题

"有志"和"事成"之间有某些条件在起着重要的作用，若无这些条件，即使是"有志"，"事"也是难成的。这就要求我们在确定志向时要客观，切忌盲目；要锁定目标立长志，切忌朝秦暮楚常立志。

（1）立志要符合客观规律。一个人所立下的"志"，不能是脱离客观实际的空想或幻想，好高骛远，眼高手低。曾有人立志要研制成永动机，并为此付出了一生的时间和精力，却始终没能研制出来。这不是野心，而是脱离实际的一种空想。符合客观实际，是"有志者"事业成功的必要前提条件。

（2）立志要考虑自身的条件。每个人都想成大事，但要从自身条件出发做好梦、定目标、立志向。网上有句经典语言："只要功夫深，铁杵磨成针，但木杵只能磨成牙签。材料不对，再努力也没用。"

（3）锁定目标立长志。有志者的"志"必须是始终指向一个目标，不管外界如何变化，不管遇到怎样的挫折，都"痴心不改"。不能今天立志当科学家，明天立志当文学家，如此常立志，其"事"一定难成。我们常说，志存高远，是指要想做成大事，必须有永不改变的"恒志"，坚持从现在做起，不能行百里路而半九十。一些科研人员往往是努力了许多年，只差一点点就获得了成功，却被自己的气馁和放弃所扼杀，离成功渐行渐远。请记住，怀有恒心，矢志不渝，方能成就大事。

3. 贝尔效应

有了成功的信念，成功就有了一半把握。

贝尔效应的由来

美国布道家、学者贝尔曾经指出：想着成功，成功的景象和信念就会在内心形成。信念具有操纵命运的力量，一个人心里怎么想，他就会成为怎样的人。他说：要是有三种不同的人生——轰轰烈烈、平平凡凡、凄凄惨惨，让你选择，会选择哪一种？我想大多数人都会选择轰轰烈烈！而在现实生活中，大多数的人都平平凡凡，甚至凄凄惨惨！为什么不同的人会有如此大的差距呢？他们之间真的有不可逾越的鸿沟吗？当然不是的。成功者与失败者的最大不同，就在于前者坚信自己会成功。

贝尔效应的哲理

（1）信念是人生的拐杖，是行为的支柱。信念是一种人生的追求，是一种心理动能，是意志行为的基础。从心理学角度解释：信念就是指人按照自己所确信的观点、原则和理论去行动的个性倾向。信念对于行为的作用在于激发人们潜在的精力、体力、智力和其他各种能力，执着地实现欲望和追求。没有信念，人不会有意志，更不会有积极主动的行为。人，只要有信念，有追求，什么苦都能忍受，什么环境也都能适应。正如罗曼·罗兰所说：最可怕的敌人，就是没有坚强的信念。

（2）信念是远行的马达，是雄鹰的翅膀。很多事情我们不去做，并不在于它们难，而在于我们缺乏信念与自信。可以说，自信是获取成功的不可或缺的因素，是改变人生命运、成就事业的金钥匙。

（3）信念是好运的催生婆。人生本没有什么局限，每个人的内心都有一个沉睡的巨人。唤醒巨人靠的是信念和信心。不少人都盼望好运，却没有孕育出成功的信念，只有满怀成功信念，才会有无尽的力量挑战人生，超越自我。不论环境如何，在我们的生命里，均潜伏着改变现实环境的力量。如果你满怀信心，积极地期盼成功的降临，那么世界就会变成你想要的模样。你可以站在最高峰傲视苍生，也可以在庸庸碌碌中悲叹。而这一切的不同，仅仅在于你是否有成功的信念！

贝尔效应的实例

案例一：威廉·皮特25岁成为英国首相

英国前首相威廉·皮特还是一个孩子时，就相信自己一定能成就一番伟业。在成长过程中，无论是在上学、工作还是娱乐，他从未放弃过信念，不断地告诉自己应该成功，应该出人头地。这种信念在他身体的每一个细胞中生根发芽，并鼓励着他锲而不舍、坚忍不拔地朝着自己的人生目标前进，做一个公正睿智的政治家。凭着一股"我要成功"的信念，威廉·皮特完成了自己的飞跃，22岁那年，他进入国会；第二年当上财政大臣；年仅24岁就坐上英国首相的宝座。他两度出任英国首相，任职长达19年，成为了英国历史上最年轻的"青年首相"。

案例二："成功并不像想象的那么难"

1965年，一位韩国学生到剑桥大学主修心理学，他常到学校茶座听一些成功人士聊天。后来他发现这些人幽默风趣，举重若轻，把自己的成功看得非常自然和顺理成章。但有些成功人士为了让正在创业的人知难而退，普遍把自己的创业艰辛夸大了。

想到这里，他认为这是一个不错的题目。不久，他把《成功并不像你想象的那么难》作为毕业论文，提交给现代经济心理学的创始人威尔·布雷登教授。布雷登教授读后，大为惊喜。惊喜之余，他写信给他的剑桥校友——当时正坐在韩国政坛第一把交椅上的人——朴正熙。他在信中说，"我不敢说这部著作对你有多大的帮助，但我敢肯定它比你的任何一个政令都更容易产生震动。"

正如威尔·布雷登所料想的，这本书果然伴随着韩国的经济起飞了。它鼓舞了许多人，从一个新的角度告诉人们，只要你对某一事业感兴趣，长久地坚持下去就会成功，因为上帝赋予你的时间和智慧够你圆满做完一件事情。后来，这位青年也获得了成功，他成了韩国泛业汽车公司的总裁。

贝尔效应的启示

贝尔效应是一副强心剂，给懦弱者以坚强，给励志者以勇气，让人们保持一颗积极进取之心。

（1）确立信念，创造健康人生。传说，一位老盲人琴师带着一个盲童四海漂泊，以弹唱为生。一天，老琴师在弹断了一生中的第 100 根琴弦后高兴万分。因为他的师傅临死前，曾传给他一个药方，要求他在弹断第 100 根琴弦的时候照方抓药，吃了后就能双目复明。可是，当他拿着药单去到药店买药时，药店人告诉他药单上只字未写。听了这话，老琴师木然了。虽然他知道这是师傅对自己的一片苦心，但那个支撑了他一生能够生存下来的巨大的精神支柱消失了。精神的崩溃使这位琴师不久就去世了。临死前，他又把这个药单传给了盲童，并重复了当初他师傅对他讲的话。他要传给他盲童的是一种生的信念，一股力量，一个追求。因为他一生就是靠这一理念和信念生存下来的。作为企业管理者要帮助员工确立积极健康的信念，在人生的旅途上确立奋斗目标，明确成长方向，不断有所作为，力求终身无憾。

（2）突破心障，打破自卑枷锁。信念和信心来自于自己的心中。敢于挑战自己，超越自己，征服自己，才能成为真正的勇士，拥抱和享受成功。要想成功，必须打破自卑，摒弃消极，鼓起勇气，增强信心，学会给自己鼓掌，让饱满的自信带着我们奔向成功。对那些闲言碎语，你完全可以置之不理。走自己的路，不懦弱、不犹豫、不停步，成功才会向你招手。

（3）百折不挠，保持坚定信心。自信是人生成功的保障。一个真正自信的人，别人甚至可以从他的眼神中感受到力量。人生多有不顺，常有失误或失败伴随。但要始终相信，逆境中也有光亮、幸福与成功。你要铸造一颗百折不挠的心，用行动来证明自己的能力。想着成功，你的内心就会形成为成功而奋斗的无穷动力。

运用贝尔效应需要注意的问题

（1）有信念还要自强。有了信念，成功便有了基础。但是，要获得成功，必须拿出实际措施和行动，还要善于分析形势，抓好用好机遇，应对各种挑战，克服各种困难。这样坚持不懈，成功才会属于你。成功需要信念，信念却不等于成功。只有信念，而缺少才智，成功顶多完成一半。唯有既有信念又有才华，成功才有保证。所以，信念是叩响成功的大门，要想登上成功的宝座，还要自强不息，努力提升自己。

（2）有信念还要坚定。建一座大厦，总要一层一层往上累加；攀登高山，总要一级一级往上爬。变信念为现实，有赖于坚持和坚定，若中途罢手，则半途而废。俗话说，"无志者常立志，有志者立志长。"有了自信，还要有坚强的意志，要"咬定青山不放松"，坚定信念，不言放弃。

4. 亨利效应

自信是心中的内燃机，为开发潜能、提升能力提供动力。

亨利效应的由来

亨利从小在美国福利院长大，身材矮小，长相平平，讲话又带着浓重的乡土口音。他一直自卑，整天唉声叹气，一事无成。

在他30岁生日那天傍晚，亨利站在河边发呆，好友约翰兴冲冲地跑过来说："亨利，我刚从收音机里听到一则消息，拿破仑私生子流落到美国，还有了儿子，播音员描述的特征，与你毫不相差！"亨利一下子精神大振，联想到"爷爷"曾经以矮小的身材指挥着千军万马，用带着泥土芳香的法语发出威严的命令，他顿感自己矮小的身材同样充满力量，讲话时的法国口音也带着几分高贵和威严。

凭着拿破仑的孙子这一"美丽的谎言"，亨利转变观念，增强自信，几年后竟然成了一家大公司的总裁。后来，他请人调查了自己的身世，证实自己并非拿破仑的孙子，但这已经不重要了。他认为，重要的是自己懂得了成功的秘诀：当人自信时，成功就会来临。这种由于自信而引发的积极心理，被称为"亨利效应"。

亨利效应的哲理

自信是人们在日常生活中常常谈起的一个概念。简单通俗的两个字，却体现了积极的心态，蕴含着丰富而又深刻的哲理。

（1）自信是心中的内燃机。自卑的亨利误认为自己是拿破仑的后代后，心中充满了自信，勇敢地面对现实，积极地寻找发展自己的途径，开发了自己的潜能，最终走向成功。一个企业的发展会遇到许许多多的艰难险阻。面对困难、挫折和失败有两种态度，一种是自信、坚韧，积极应对；一种是心灰意冷，消极应对。积极应对者，能够看到希望，看到光明，整合各类资源，尽快摆脱困境；消极应对者，往往是听天由命，顺其自然，其颓废之势也就在所难免了。所以，信心是决定一个人、一个企业能否成长的重要因素，为个人和企业的发展增添源源不断的动力。

（2）自信源于心态和修炼。自信是一种积极的心态，有的人常常害怕失败，这是不自信的表现。如果总是想着失败，心灵笼罩着灰暗和哀叹，机遇就在眼前却无所作为，成功就在眼前却熟视无睹，失败自然会找到你。成功者超凡的信心也不是天生的，而是在学习、工作、生活实践中修炼和积攒的。在心理学中，自信产生于超我观想。"超我观想"就是"超越自己形象的观察和想象。"这种想象生动细腻，有感官参与，是创造意识与最佳状态的结合，是人的自我形象的超越和升华，是对自我发掘、认识的飞跃和深化。从幼到老，人的形象不断变化，难以把握，而超我观想却是一个最高的理想境界，可以助人成功。

（3）自信是力量和成功的源泉。力量是成功之母，信心是力量源泉，是创造伟大成就的根本要素。自信的力量取之不尽、用之不竭，是一种无止境的可以重复使用的再生资源。自信可以给人决心、恒心，使人矢志不渝，奋斗不息。自信多一分，成功就多一分，自信的人会给自己设定人生的最高目标，强烈地暗示自己，驱使自己把目标化为实际行动，用行动诠释和实现自己的目标。

亨利效应的实例

案例一：小泽征尔胜于自信

小泽征尔是世界著名的交响乐指挥家。在一次世界优秀指挥家大赛的决赛中，他按照评委会给的乐谱指挥演奏，敏锐地发现了不和谐的声音。起初，他以为是乐队演奏出了错误，就停下来重新演奏，但还是不对。他觉得是乐谱有问题。但在场的作曲家和评委会的权威人士坚持说乐谱绝对没有问题，是他错了。面对一大批音乐大师和权威人士，他思考再三，最后斩钉截铁地大声说："不！一定是乐谱错了！"话音刚落，评委席上的评委们立即站起来，报以热烈的掌声，祝贺他大赛夺魁。

原来，这是评委们精心设计的"圈套"，以此来检验指挥家在发现乐谱错误并遭到权威人士"否定"的情况下，能否坚持自己的正确主张。前两位参加决赛的指挥家虽然也发现了错误，但终因不够自信而被淘汰。小泽征尔却因充满自信而摘取了世界指挥家大赛的桂冠。

案例二：尼克松败于缺乏自信

尼克松是我们极为熟悉的美国总统，但就是这样一个大人物，却因为缺乏自信而毁掉了自己的政治前程。

1972年，尼克松竞选连任。由于他在第一任期内政绩斐然，所以大多数政治评论家都预测尼克松将以绝对优势获得胜利。

然而，尼克松本人却很不自信，他走不出过去多次失败的心理阴影，极度担心再次出现失败。在这种潜意识的驱使下，他鬼使神差地干出了令其后悔终生的蠢事。他指派手下的人潜入竞选对手总部所在的水门饭店，在对手的办公室里安装了窃听器。事发之后，他又连连阻止调查，推卸责任，在选举胜利后不久便被迫辞职。本来稳操胜券的尼克松，因缺乏自信而导致惨败。

亨利效应的启示

亨利效应是因自信而引发的积极心理，使人改变思路，获得成功。

（1）把自卑变为自信。人都有自卑的一面，特别是自身条件较差时，自卑心理较强，这时候，就需要多想自己的长处，找回自信，找到勇气，树立"我能胜出"的信念，从而发现被自卑掩盖的潜能和机会，找到属于自己的成功之路。一个人、一个企业没有了自信就什么也做不了。在平时的工作中，经常运用亨利效应，鼓励自己，鼓励员工，攻克一个又一个难关，工作业绩就会得到各级领导的认可。

（2）把软弱变为坚强。软弱与自卑如影随形，坚强是自信的忠实朋友。人的一生不会一帆风顺，一定会遇到沟沟坎坎。只要我们保持良好的自信心态，在人生顺利的时候，保持清醒冷静的头脑；遇到挫折的时候，树立战胜困难、绝不退缩的勇气，就能从容地应对困难，踏平坎坷，收获成功。

（3）把梦想付诸行动。自信产生梦想，梦想生发目标。要把梦想和目标变为现实，必须付诸于行动。只有踏踏实实地行动，"每天前进一点点"，才能让梦想逐步变成现实的成就，而停留在遐想之中的自信只是自欺欺人而已。我们要用自信指导行动，用行动落实自信，书写自己的灿烂人生！

（4）把危机变成机会。危机常常像病毒一样冲击每一个企业和个人，让人无法规避。在自信者的眼中：危机＝危险＋机会。他们能够沉着应对危机，规避风险，寻找机会。时下，金融危机考验着每一个人、每一个企业。危机中生存下来的企业，有各种各样的应对方法，而自信，则是他们共同的法宝和财富。

运用亨利效应从小事做起

（1）挑前面的位子坐。大部分占据后排座的人，都希望自己不会"太显眼"。他们怕受人注目的原因就是缺乏信心。坐在前面能建立信心。把它当作一个规则试试看，从现在开始就尽量往前坐。坐前面虽然会比较显眼，但要记住，有关成功的一切都是显眼的。

（2）把走路的速度加快25%。身体的动作是心灵活动的结果。许多心理学家将懒散的姿势、缓慢的步伐与对自己、对工作以及对别人的不愉快的感受联系在一起。成功者表现出超凡的信心，走起路来比一般人快。他们的步伐告诉整个世界："我要到一个重要的地方，去做很重要的事情，更重要的是，我会成功。"心理学家也告诉我们，借着改变姿势与速度，可以改变心理状态。

（3）练习当众发言。拿破仑·希尔指出，有很多思路敏锐、天资高的人，难以发挥他们的长处参与讨论。并不是他们不想参与，而只是因为他们缺少信心。从积极的角度来看，尽量发言，就会增加信心，这是信心的"维他命"。不论是参加什么性质的会议，每次都要主动发言，而且，不要最后才发言。要做破冰船，第一个打破沉默。要用心获得会议主席的注意，争取发言的机会。

（4）开心大笑。笑是医治信心不足的良药，能给自己很实际的推动力。真正的笑不但能治愈自己的不良情绪，还能马上化解别人的敌对情绪。如果你真诚地向一个人展颜微笑，他实在无法再对你生气。咧嘴大笑，会觉得美好的日子又来了。笑就要笑得"大"，半笑不笑是没有什么用的，要开心大笑才能有功效。

（5）怯场时，道出真情就能平静下来。把心中所想毫不隐瞒地用言语表达出来，不但可将内心的紧张驱除殆尽，而且也能使自己的心情得到平静。美国有一个很成功的推销员，初入职场时被要求独自去见美国的汽车大王，在情不自禁之下，他老实地说："很惭愧，刚看见你时，我害怕得连话也说不出来。"这样的表现驱除了他的恐惧感，不得不归功于坦白的效果。

5. 卖斧子效应

不是因为有些事情难以做到，我们才失去自信；而是因为我们失去了自信，有些事情才难以做到。

卖斧子效应的由来

2001年5月20日，美国一位名叫乔治·赫伯特的推销员，成功地把一把斧子推销给了布什总统。布鲁金斯学会得知这一消息，把刻有"最伟大推销员"的一只金靴子赠予了他。这是继1975年以来，学会的一名学员因成功地把一台微型录音机卖给尼克松而获奖后，又一学员获得的殊荣。

布鲁金斯学会创建于1972年，以培养世界上最杰出的推销员著称于世。它有一个传统，在每期学员毕业时，设计一道最能体现推销员能力的实习题，让学生去完成。克林顿当政期间，他们出了这么一个题目：请把一条三角裤推销给现任总统。8年间，有无数个学员为此绞尽脑汁，都无功而返。克林顿卸任后，布鲁金斯学会把题目换成：请把一把斧子推销给布什总统。

有些学员认为，这道毕业实习题会和克林顿当政期间那道习题一样毫无结果，因为现在的总统什么都不缺，即使缺什么，也用不着他们亲自购买。

然而，乔治·赫伯特却做到了。一位记者在采访他的时候，他是这样说的：我认为，把一把斧子推销给布什总统是完全可能的，因为布什总统在得克萨斯州有一个农场，那儿种了许多树。于是我给他写了一封信，说：有一次，我有幸参观您的农场，发现种着许多矢菊树，有些已经死掉，木质已变得松软。我想，您一定需要一把小斧头，但是从您现在的体质来看，这种小斧头显然太轻，因此您仍然需要一把不甚锋利的老斧头。现在，我这儿正好有一把这样的斧头，它是我祖父留给我的，很适合砍伐枯树。假若您有兴趣的话，请按这封信所留的信箱，给予回复……最后他就给我汇来了15美元。

布鲁金斯学会在表彰他的时候说，金靴子奖已空置了26年。26年间，布鲁金斯学会培养了数以万计的推销员，造就了数以百计的百万富翁，这只金靴子之所以没有授予他们，是因为我们一直想寻找一个从不因有人说某一目标不能实现而放弃，从不因某件事情难以办到而失去自信的人。

乔治·赫伯特的故事在世界各大网站公布之后，一些读者纷纷搜索布鲁金斯学会，他们发现在该学会的网页上贴着这么一句格言："不是因为有些事情难以做到，我们才失去自信，而是因为我们失去了自信，有些事情才显得难以做到。"

卖斧子效应的哲理

（1）观念控制行为。现实生活中，当一件事被认为是不可能时，我们就会为不可能找到许多理由，比如：我的智商没有别人高，我吃不了苦，我天生记忆力差，我不是学数学的料……从而使这些不可能成为理所当然，当然也就不会采取积极有效的行动。其实，"能"与"不能"完全取决于你的信心。诚然，一个想当元帅的士兵未必能当上元帅，但一个不想当元帅的士兵，则永远不可能当元帅。一个人不可能取得他并不想要的成就，就某种意义上说，观念成就人生。

（2）自信就是力量。自信是改变人生的巨大动力。居里夫人有一句名言："自信，是迈向成功的第一步"。如果你想成功，首先要自信。一个人期望的多，获得的也多；期望的少，获得的也少。成功与有成功意识的人结伴，失败则紧随那些缺乏自信的人。

卖斧子效应的实例

案例一：尼克死于心中冰点

尼克是一家铁路公司的调度人员，他工作认真，做事负责。不过他有一个缺点，就是缺乏自信，对人生很悲观，常以否定、怀疑的眼光去看世界。

有一天，公司的职员都赶着去给老板过生日，大家都提早急急忙忙地走了。而尼克被不小心关在了一个待修的冷藏车里。尼克在车厢里拼命地敲打着、喊着，但全公司的人都走了，根本没有人听得到，最后只好颓然地坐在车厢里喘息。他越想越害怕，心想：车厢里的温度只有零度，如果再不出去的话，一定会被冻死。

第二天早上，公司的职员陆续来上班。他们打开车厢门，赫然发现尼克倒在地上。大家急忙将尼克送去急救，但已经无法挽救他的生命了。令大家惊讶的是，冷藏车里的冷冻开关并没有启动，巨大的车厢内也有足够的氧气，里面的温度是十多度，尼克竟然给"冻"死了！

尼克并非死于车厢内的"零度"，而是死于心中的冰点。他已给自己判了死刑，又怎么能够活得下去呢！

案例二：林肯签署宣言

美国总统林肯因签署《解放黑奴宣言》而改变了美国历史，并为后人所敬仰和称颂。其实，这份宣言在林肯任职前早已起草完成，并曾两次交到总统的办公桌上，但其前任却认为是不可能的而没有签署。为什么前任认为不可能的事情，林肯却做到了呢？

林肯留下的一封信给了我们答案。林肯在信中讲述了自己幼年时的一件事："我父亲以较低的价格买下了西雅图的一处农场，地上有很多石头。有一天，母亲建议把石头搬走。父亲说："如果可以搬走的话，原来的农场主早就做了，也不会把地卖给我们了，那些石头都是一座座小山头，与大山连着"。有一年父亲进城买马，母亲带我们在农场劳动。母亲说："让我们把这些碍事的石头搬走，好吗？于是我们开始挖那一块块石头，结果不长时间就把它们都搬走了，因为它们并不是父亲想象的小山头，而是一块块孤零零的石块，只要往下挖，就可以把它们晃动。"故事告诉我们：事实上，"你做不到"、"我不能"并不是真理。要慎下结论，去掉"不可能"的思想观念，相信凡事都有可能，千万不要自我设限。

卖斧子效应的启示

人的行为是受思想观念控制的，有什么样的思想观念就会产生什么样的行为，从而产生相应的结果，而这个结果又会使你对以前的观念深信不疑。我们需要树立自信的观念，摒弃自卑的观念，化自卑为自信。作为普通人，我们要认清几个认识上的误区：

误区之一：只有成功人士，才有自信。长期以来我们的教育环境过分关注少数尖子和精英，使大多数人失去了展示自己的机会，形成了一种习惯意识，好像只有成功的人才有自信，或者才有资格自信。事实上，自信是建立在对自身价值的深刻理解上，是自己对自己的肯定和认可，要相信："我是最聪明的，我能做好。"任何一个人，都是独特的生命个体，都有自己的价值和意义。因此，任何人都应该自信，任何人都能够自信。

误区之二：先有成功，而后才有自信。成功无疑会助长自己的自信，但并不是先有成功，后有自信。自信不是某件事情做成之后才对自己有信心，而是在做事情之前就怀有必胜的信念。自信是一个人取得成功的大前提，自信可以使你获得勇气和力量，一个充满自信的人更容易取得成功。

误区之三：超过别人，比别人强，才有自信。过分地想让别人认可自己，比如一定要争"第一名",就算得了第二名都会认为自己有问题,这不叫自信,叫"底气不足",实际上是一种自卑。打败别人,得第一名,不是最重要的。最重要的是,你能不能学会尊重自己,能不能发现自己的价值在哪里。真正自信的人,并不在意某些"公认的标准",他们更在意自己内心的感觉,更在意自己的目标和价值是否实现。古人说得好:"胜人者力,胜己者强。"明白了自己的价值,你的自信心就不会被恐惧打倒。请记住,天才的全部秘密其实只有六个字:不要小看自己!你要在没有人相信你的时候,对自己深信不疑。事实上,你的潜力远远超过你的想象,只不过没有机会展示这方面的能力。要相信"我一定能行",别人做的事情自己也能做,只要有机会让自己试一试。有些事情不是根本做不到,关键是你有没有做到的信心。

运用卖斧子效应需要注意的问题

(1)永远保持一颗自信的心。胜败乃兵家之常事。自信的人也会失败,但是不能因为失败而失去自信。

(2)自信的人要善于把握自己,量力而行。要把主观愿望与客观实际结合起来,避免盲目冒进,说大话、夸海口却难以兑现。如果在订计划时超越客观可能,过分追求高指标,那不是自信,而是吹牛,既不科学又不可行,容易挫伤人的信心。

6. 约翰·库提斯效应

不要抱怨自己的命运，别对自己说"不可能"。

约翰·库提斯效应的由来

约翰·库提斯1969年出生在澳大利亚。因为双腿畸形，内脏错位，还没有肛门，整个人只有可乐罐那么大，出生的时候，医生就断言他活不过当天，建议他的父母立即准备葬礼。一天之后，医生又说他不可能活过一个星期；一个星期后，又说不可能活过一个月；一个月后，又说不可能活过一年……谁知，这个小"可乐罐"坚持过了一周又一周，一年又一年，直到现在走遍了世界190多个国家和地区，成为国际著名的激励大师。

童年的约翰历尽了屈辱。他10岁开始上学，曾被人搞恶作剧，丢进恶臭的垃圾桶，并被垃圾桶外点燃的一堆火"烤"；双手在夜晚上厕所时扎满图钉；没有知觉的双腿在课堂上考试时被无情割开。1987年，约翰终于做出了一个痛苦的决定——切掉那两条发育畸形的腿。截肢手术让身体的平衡跟以前不一样了，他用双手学习走路、爬楼梯、上厕所。不管面前是什么样的挑战，他都积极地冲向它，一次次地摔倒，一次次地站立起来，苦练出一双结实灵巧的双手。他用两只手，做了别人"两只手加两只脚"才能做好的事。约翰从12岁开始练习室内板球、举重和轮椅橄榄球，勤奋和毅力让他不仅获得了澳大利亚残疾人网球比赛的冠军、有正常人参加的举重比赛亚军，还得到了板球和橄榄球的二级教练证书，并考取了驾照。

中学毕业，约翰开始进入社会寻找工作。无数次被拒绝之后，终被一位杂货铺老板收留。他做过销售员、技术工人，一次偶然的演讲却改变了约翰的一生。在一次午餐会上，约翰应邀对自己的经历作一个简单介绍。他的痛苦经历和艰难现状感动了在场的所有人。很多人热泪盈眶，一位女士甚至跑到台上，告诉约翰，她非常不幸，正准备自杀，听了他的演讲以后，她觉得那些不幸已经不算什么了。这使约翰突然意识到，讲出自己挣扎生存的经历可以给别人以启迪，让别人拥有更积极的心态，感觉更快乐。从此，约翰踏上了职业激励大师的路途。

1999年，他被查出患有睾丸癌，切除两个睾丸后，医生又一次无情地告诉他，癌细胞已经扩散，他只有一年左右的生命了。约翰不愿坐以待毙，一年里，他查阅各种资料，四处寻求好的建议，俨然成为一名癌症专家。2005年5月，医生惊奇地发现，约翰还是那么健康。

2000年6月，约翰结婚了。他的太太里恩是一位金发碧眼的美人，并带来了一个儿子——6岁的克莱顿。克莱顿从小疾病缠身，患有自闭症、肌肉萎缩症、大脑内膜破损、心肌功能萎缩等。类似的经历，使得约翰和儿子有了更多心灵共鸣和共同语言。对于儿子，约翰一直坚信："我儿子一定能成为最棒的人物！"

约翰·库提斯的生命充满了磨难，也充满了奇迹：没有双腿，却能潜水；没有双腿，却能驾驶汽车；没有双腿，却能成为运动场上的冠军；没有双腿又得了癌症，却能环游世界四处演讲；时时刻刻面对死亡，却能拥有最完美的爱与生活。约翰·库提斯常说："不要对自己说'不可能'"，"无论你认为自己多么的不幸，在这个世界上永远有比你更不幸的人！无论你认为自己多么的成功，在这个世界上永远有比你更强大的人！"他以感人肺腑的事迹和至理名言，感化和鼓舞成千上万的身体残疾人和心理残疾人，成为享誉全球的激励大师。

他在全世界向千千万万热情的人们演讲，还曾经与世界大师乔·吉拉德、汤姆·霍普金斯、美国前总统克林顿同台演讲，并得到曼德拉总统的亲切接见，在国际上享有非常高的声誉。

在社会生活中，始终存在着一批类似约翰·库提斯这样的身残志坚、惊天动地的强者。很多正常人没有去做的事情，他们已经先一步做了。这种现象被称约翰·库提斯效应。

约翰·库提斯效应的哲理

残疾的身体无法回避，命运却在自己手里。约翰面对残疾，不抱怨命运，永远对生活充满最美好的期许！顽强地挑战病魔，他用"别对自己说'不可能'"的自信与坚强，成为最大的赢家。

身体残疾可怕，更可怕的是心灵的残疾。心理健康，充满乐观和自信，残疾是可以战胜的；心理残疾，悲观消沉，会被病魔压垮。所以说，挫折是弹簧，看你坚强不坚强，你强它就弱，你弱它就强。对于任何人而言，关键要有一颗乐观向上、自信坚强的心。

约翰·库提斯效应的实例

案例：微笑天使桑兰

中国的微笑天使桑兰具有约翰一样的自信、乐观、坚强和毅力。

原国家女子体操队队员桑兰，如今中国奥委会官网特约记者，中国体育界的"阳光女孩"，"奥运之星保障基金"的发起人，还被称为"申奥大使"。

桑兰在国家女子体操队时曾多次获得国内国际比赛金牌，1995年获全国城市运动会全能冠军、跳马冠军、自由体操亚军；1995年全国冠军赛跳马冠军；1996年全国锦标赛跳马亚军；1997年第八届全运会跳马冠军、全国锦标赛跳马亚军；1998年全国冠军赛跳马第二。

1998年7月22日，她在第四届美国友好运动会的一次跳马练习中不慎受伤。此后，坚强的她在轮椅上创造了一个又一个人生奇迹。

1999年1月桑兰成为第一位在时代广场为帝国大厦主持点灯仪式的外国人，1999年4月荣获美国纽约长岛纳苏郡体育运动委员会颁发的第五届"勇敢运动员奖"，2000年9月，桑兰加盟世界传媒大亨默多克新闻集团下属的"星空卫视"，担任一档全新体育特别节目《桑兰2008》的主持人，她用这样的方式继续着自己的奥运之路。也是在2002年9月，桑兰被北京大学新闻与传播学院新闻系破格免试录取，就读广播电视专业。

2007年桑兰与互联网结缘，她的全球个人官方网站上线，同时被聘为中国奥委会官方网站特约记者。

桑兰在2007年6月作为"奥运之星保障基金"的发起人，加入到了"奥运之星保障基金"的筹建工作中，为了让更多曾做出突出贡献的伤残运动员有个好归宿，她将为退役运动员的社会福利事业展开各方面的工作。

命运的多舛没有让桑兰低头，面对新的人生境遇，她始终用一种平和的心态看待自己，艰难而又坚毅地开辟了新的人生道路。凭借自己顽强、乐观的心态，用她自己的行动和事迹感染着世界。她是最富奥运精神的女性榜样。

约翰·库提斯效应的启示

约翰·库提斯克服生理限制，打了几场人生战役，屡创神奇，书写残而不废、残而有为的神话，让人刮目相看，肃然起敬，他的事迹启迪着亿万人的心灵。

（1）生活并非糟糕，态度成就一切。残疾人在社会上无疑处于劣势，但约翰没有抱怨命运，没有悲观厌世，而是以积极乐观的心态看待社会，顽强地生存，快乐地生活。相反，有的残疾人、甚至身体健全的人却常常哀叹社会不公，生活不幸，不知怎样面对社会，改变生活，激励大师拿破仑·希尔曾经做过这样的调查：96%的事情不值得忧虑。我们要活出生活的品味和质量，必须调整和改善心态，用乐观置换忧虑。

（2）点燃信心，美化人生。人的惰性是我们每天所要殚精竭虑对付的敌手。对于约翰·库提斯来说，懒惰意味着接受死亡。他的精力充沛、充满灵感、幽默风趣、敢做敢为、慷慨大方给人以深刻的印象，而背后支撑着他的是积极向上的心态。他把不幸变为挑战，处处乐观、自信、坚强，终于化不幸为神奇。逆境中的成功，对每个人都有巨大的感召力。身体健康的正常人，如果像约翰·库提斯那样点燃生命中的希望和信心，人生的道路会是怎么样呢！

运用约翰·库提斯效应需要注意的问题

学习约翰的关键是培养自信心，提升自信力。从心理学角度需要掌握和运用超我观想的六大方法和技巧，调整心态，改善形象，增强自信心，就像电视广告中说的那样："我自信，我成功。"

揽镜武装法：对着镜子不是化装，而是武装，寻找自己美的感觉。

老片新放法：观想自己若干次成功的场面，寻找激情和信心。

温故利新法：对着过去的奖状、奖品，回顾自己的业绩，摈弃自卑。

自我设问法：端详自己的外貌、衣着，问自己："我是值得尊重的人吗？"给自己一些肯定。

才能寻优法：通过列表找到自己的长处和强项，知道自己的优势点。

未来想象法：观想自己在未来会取得一系列的成就，预视未来的成功。

7. 居里夫人效应

热情是成功的心脏，执着是成功的翅膀。

居里夫人效应的由来

在世界科学史上，玛丽·居里（1867~1934）是一个永垂不朽的名字。这位伟大的女科学家从16岁开始，成年累月地学习、工作达50年，以自己的勤奋和天赋，在物理学和化学领域都作出了杰出的贡献，不到10年时间，两次获得诺贝尔奖。这是世界科学史上独一无二的事情！

早在17岁时，玛丽就去别人家里做家教，辛辛苦苦挣钱，供姐姐完成巴黎医学院的学业。1894年初，玛丽接受了法兰西共和国国家实业促进委员会提出的关于各种钢铁的磁性科研项目。在完成这个科研项目的过程中，她结识了理化教师比埃尔·居里。玛丽结婚后，人们都尊敬地称呼她居里夫人。1896年，居里夫人以第一名的成绩，完成了大学毕业生的任职考试。第二年，她又完成了关于各种钢铁的磁性研究。但是，她不满足已取得的成绩，决心考博士，并确定了自己的研究方向，站到了一条新的起跑线上。

1889年到1904年间，居里夫妇先后发表了32篇学术报告，记录了他们在放射科学上探索的足迹。1903年12月，他们和贝克勒尔一起获得了诺贝尔物理学奖。1906年，居里先生不幸因车祸去世，居里夫人承受着巨大的痛苦，加倍努力，完成两个人共同的科学志愿。1910年，居里夫人又完成了《放射性专论》一书。她还与人合作，成功地制取了金属镭。1911年，居里夫人又获得诺贝尔化学奖。当时，提取纯镭所需要的沥青铀矿是很贵重的，居里夫妇从自己的生活费中一分一厘地节省，先后买了八九吨。在居里先生去世后，居里夫人把千辛万苦提炼出来的、价值高达100万法郎的镭，无偿地赠送给了从事癌症研究的实验室。

爱因斯坦在评价居里夫人一生的时候说："她之所以能够取得这样伟大的功绩——证明放射性元素的存在并把它们分离出来，不仅仅是靠大胆的直觉，而且也靠着在极端困难情况下工作的热忱和顽强。这样的困难，在实验科学的历史中是罕见的。居里夫人的品德力量和热忱，哪怕只有一小部分存在于欧洲的知识分子中间，欧洲就会面临一个比较光明的未来。"

管理上把类似居里夫人在事业上执着追求、取得圆满成功的现象称为居里夫人效应。

居里夫人效应的哲理

居里夫人效应向人们展示了用热情、执着收获成功与喜悦的动人故事，阐释了天道酬勤的人生哲理。

（1）人需要有奋斗精神。在同样的社会条件下，有的人大有作为，有的人碌碌无为？原因就是奋斗精神。这种奋斗精神是雄心、决心、信心、热心、苦心、钻心、恒心和痴心的综合体，雄心，让你胸怀大志、欲望强烈、不甘平庸；决心，让你坚定信念，果断抉择、破釜沉舟；信心，让你看到光明、自信满满、胸有成竹；热心，让你全力以赴、全神贯注、全部投入；苦心，让你不畏艰难、不计劳苦、勇于奉献；钻心，让你积极进取、深钻细研、永无止境；恒心，让你毅力超强、矢志不渝、执着做事；痴心，让你不畏挫折、一心工作、如痴如醉。我们常说，"天上不会掉馅饼。"要想得到成功的馅饼，没有这种精神，只能是痴人说梦。

（2）执着第一，聪明第二。执着是成功的第一要素。天下的聪明人比比皆是，并不是每人都能够收获成功。在诸多的成功者中，最宝贵的品德就是执着、坚持、不轻言放弃。爱迪生做实验时虽然失败了1 000多次，但依然坚持不懈，终于发明了电灯；青年作家范稳在滇藏这块环境恶劣的土地上，凭着一份执着，出版了《水乳大地》。聪明才智加愚公移山的恒心，即使荆棘遍地也会无往而不胜。

居里夫人效应的实例

案例：史泰龙靠执着赢得机会，赢得成功

史泰龙出生在一个"酒赌"暴力家庭，父亲赌输了就拿他和母亲撒气，母亲喝醉了酒又拿他来发泄，他常常是鼻青脸肿，皮开肉绽。"再也不能这样下去了，要不就会跟父母一样，成为社会的垃圾，人类的渣滓！我一定要成功！"高中毕业后，辍学的史泰龙开始思索规划自己的人生。他没有学历文凭和经验，找不到一个适合他的工作，于是他想到了当演员，不要资本，不需名声，虽说当演员也要条件和天赋，但他就是认准了当演员这条路！

史泰龙来到好莱坞，找明星、求导演、找制片，寻找一切可能使他成为演员的人，四处哀求："给我一次机会吧，我一定能够成功！"得来的却是一次次的拒绝。一晃两年过去了，遭受到了1 000多次拒绝的史泰龙，花光了身上的钱，只好在好莱坞打工，做些粗重的零活养活自己。

"既然不能直接当演员，我能否改变一下方式呢？"史泰龙开始重新规划自己的人生道路，开始写起剧本来。一年后，剧本写出来了，他又拿着剧本四处遍访导演："让我当男主角吧，我一定行！""剧本不错，当男主角，简直是天大的玩笑！""也许下一次就行！我一定能够成功！"一个个的希望支持着他！

"我不知道你能否演好，但你的精神一次次地感动着我。我可以给你一次机会，先拍一集，就让你当男主角，看看效果再说。如果效果不好，你便从此断绝这个念头！"在他遭遇1 300多次拒绝后的一天，一个曾拒绝过他20多次的导演终于给了他一丝希望。

三年多的准备，终于可以一展身手，史泰龙丝毫不敢懈怠，全身心地投入。第一集电视连续剧创下了当时全美最高收视纪录——史泰龙成功了！

居里夫人效应的启示

居里夫人及史泰龙的人生经历，诠释了成功的真谛：热情是成功的心脏，执着是成功的翅膀。

（1）唤醒创业的热情和激情。人可以没有美貌，没有金钱，没有荣誉，但绝不能没有热情。对待事业充满激情，就如同有了一颗健康完美的心脏，可以源源不断地为事业输送强大的动力，始终保持旺盛的精力和斗志。对待事业没有理想和信念支撑，如同人有一颗残缺的心脏，总是处于供血不足的状态，缺乏工作动力，最终一辈子平平庸庸，无所作为。正如居里夫人所言："如果能追随理想而生活，本着自由的精神、勇往直前的毅力、诚实不自欺的思想而行，则定能臻于至美至善的境地。"

（2）咬定目标永不放弃。做事很难一帆风顺，总有挫折和失败。水滴石穿，世上无事不可为。只要目标切合实际，就应相信自己，坚定信心，不怕失败。如果没有了恒心，就像鸟没有了翅膀，永远也不能在蓝天中翱翔。

（3）成功来源于对机会的创造与把握。居里夫人曾说："弱者坐失良机，强者制造时机。"正因为这样，她在获得第一个诺贝尔奖后，把荣誉视同玩具，不骄傲自满，也不走捷径，而是深入扎实的开展研究，继续新的发现和创造，不到十年又获得第二个诺贝尔奖。史泰龙在被导演拒绝的日子里，将当时世界上所有著名的男演员全都模仿过，将所有当时获奖的影片全都学习过、操练过，正因如此，他牢牢地抓住了导演给他的机会，一举成功，创了全美最高收视纪录。他有句至理名言："在人的一生中，如果出现生死抉择的时刻，他必须选择流芳千古，否则，他就白活了。"

运用居里夫人效应需要注意的问题

（1）树立正确的人生观。人从生到死是有寿命的。有的人认为有生就有死，怎么过也是一辈子，何不得过且过，图个乐呵；有的认为"花开不是为了花落，而是为了鲜艳，把美丽带给人间"。前者是宿命论，心态是颓废的，难有造诣；后者是使命论，心态乐观向上，凡事有所作为。一个人的价值，不应当看他取得了什么，而应该看他贡献了什么。一个人对社会的价值，首先取决于他的思想和行动对于人类利益有多大作用。人只有献身于社会，才能找到生命的意义。

（2）制定切实可行的职业生涯规划。成功 = 艰苦的劳动 + 正确的方法 + 少谈空话。每个员工都有自己的欲望和特点，从事的职业和取得成功的途径各不相同，要善于量体裁衣，制定适合自身特点的职业发展规划，在奋斗目标的牵引下，消除惰性，挖掘潜力，勤奋工作，一步一个脚印向前走。

8. 比伦效应

失败只是暂时的不成功，且时常是通向成功的必经之路。

比伦效应的由来

美国考皮尔公司前总裁比伦将"失败乃成功之母"总结为："失败也是一种机会"的"比伦定律"。比伦指出：若是你在一年中不曾有过失败的记载，你就未曾勇于尝试各种应该把握的机会。这个定律揭示了一个深刻的道理：机遇存在于失败之中。

无独有偶，美国管理学家彼得·杜拉克也曾经说过："无论是谁，做什么工作，都是在尝试错误中学会的。经历的错误越多，人越能进步，这是因为他能从中学到许多经验。"杜拉克甚至认为，没有犯过错误的人，绝不能将他升为主管。日本企业家本田先生也说："很多人都梦想成功。可是我认为，只有经过反复的失败和反思，才会达到成功。实际上，成功只代表你的努力的1%，它只能是另外99%的被称为失败的东西的结晶。"

据说，宝洁公司有这样一条规定：若员工三个月都没犯错，就会被视为不合格员工。而其全球董事长白波对此解释："那说明他什么也没干。"

失败不足惧。失败只是暂时的不成功，且是通向成功的必经之路。人生像长长的跑道，每个人都是运动于其中，正确对待前进中的失败，总结教训，奋力直追，便有成功的希望。失败是成功之母，让我们成为战胜失败的强者吧！

比伦效应的哲理

比伦效应告诉我们，失败是人生求索过程中难以避免的现象，它孕育着成功。

失误背后可能隐藏着成功与美丽。

有一首诗歌《失败新说》深刻阐明了这个道理。

失败不意味着你是一个失败者，失败意味着你还没有获得成功；

失败不意味着你一无所得，失败意味着你得到了教训；
失败不意味着不行，失败意味着你有信念；
失败不意味着丢脸，失败意味着你勇于尝试；
失败不意味着无路可走，失败意味着你得多走些路；
失败不意味着一无是处，失败意味着你不是完人；
失败不意味着浪费时间，失败意味着你有了从头再来的理由；
失败不意味着你应该放弃，失败意味着你必须努力；
失败不意味着你做不到，失败意味着你需要多花些时间；
失败不意味着天不助你，失败意味着老天要给你指一条更好的路。
对待失败，心态不同，方法亦不同
成者与败者的差别：
成者——永远与答案结缘，败者——永远与麻烦为伴。
成者——凡事都有个计划，败者——凡事都有个借口。
成者——常说：让我来帮助你，败者——常说：这不关我的事。
成者——总能面对问题找出答案，败者——总能在答案里找出问题。
成者——总能在沙漠里看到绿洲，败者——总是看到绿洲以外全是沙漠。
成者——常说：这虽然有困难，但是有可能办得到，败者——常说：这虽然有可能办得到，但是太困难了。

比伦效应的实例

案例一：巴尔扎克"粉碎一切障碍"

巴尔扎克（1799—1850）是19世纪法国伟大的批判现实主义作家，欧洲批判现实主义文学的奠基人和杰出代表。他的《人间喜剧》，包括96部长、中、短篇小说和随笔，为世人提供了无比丰富的文化和精神财富。有人曾向他请教成功的秘诀，他举起了自己的手杖，只见上面写着一行字："我将粉碎一切障碍。"这是他摆脱自卑，走向自信的源泉。

他在大学期间选择的是法律专业，却经常作为一个旁听生出现在文学院的课堂上，并最终获得了文学院颁发的学位证书。大学毕业后他全然不听父亲让他当律师的忠告，偏偏想当作家，父子关系也因此变得十分紧张。

巴尔扎克在成名之前曾经非常困顿窘迫，甚至称得上狼狈。20岁那年，巴尔扎克对自己的首部作品《克伦威尔》寄予厚望，却因为剧本不合舞台表演艺术的要求，未能上演。而后他与人合作从事滑稽小说和神圣小说的创作，出版名著丛书等,均告失败。事业上的失败使他债台高筑,生活陷入了困境。父亲也不再向他提供任何生活费用,巴尔扎克只好搬到贫民窟里继续文学创作。最困难的时候,只能吃点干面包,喝点白开水。但他是个乐观的人,每当饥饿的时候,便在桌子上画出一只只盘子,上面写上"香肠"、"火腿"、"奶酪"、"牛排"等字样,然后在欢乐的想象中狼吞虎咽。

有人看到巴尔扎克废寝忘食地写作,认为他一定有丰厚的稿酬,就在深夜闯入巴尔扎克的卧室行窃,在他书桌里摸索。巴尔扎克被响声惊醒,悄悄地爬了起来,点亮了灯,十分平静地微笑着说:"亲爱的,别找了,我白天都不能在这书桌里找到钱,现在天黑了,你更别想找到啦!"

生活如此窘迫,巴尔扎克依然没有放弃文学。那一份执着让他坚持了大约十年。1829年,巴尔扎克完成长篇小说《朱安党人》,这部取材于现实生活的作品为他带来了巨大的声誉,也为法国批判现实主义文学奠定了第一块基石。从此以后,他每写一部作品,都会备受瞩目。

巴尔扎克写作的时候非常投入,为了避免外人的打扰,他在自家的门上贴了一张便条:"巴尔扎克不在家。"有时,他甚至达到忘我的境界。一次,他的朋友刚打开门,巴尔扎克就冲他破口大骂,弄得朋友一头雾水。过了一会儿,巴尔扎克才向他道歉说,自己在创作一部新小说,其中有一段骂人的场面,他想知道怎样写才能更加有效地表现人物性格。

巴尔扎克对待文学的态度极为认真,就连印刷厂的工人们也曾领教过。他大段大段地删改自己的作品,往往需要经过十几遍甚至几十遍的修改才能确定一部小说。在付梓印刷时,他要求工人们在纸上留下大量的空白便于他修改,刚刚印刷的作品总是被他动了大手术,以至于工人们在排版时总是感到心烦和劳累。工人们打趣说,为巴尔扎克印刷完作品后再给其他作家印刷,感觉就像是在休息。

自信、执着、投入、认真,正是这四点不可或缺的品质,造就了一代文学大师。

案例二:梅毒的克星——欧立希发明"606"

欧立希(1854~1915)是德国医学家、细菌学家、免疫学家,近代化学疗法的奠基人之一。

欧立希小时候,社会上各种传染病层出不穷。有一年,白喉流行,天天和他一起玩耍的小朋友,有好几个被夺去了生命。小欧立希多么希望把他们救活呀!到了青年时代,欧立希进了医学院,他立下志愿,要做一名治病救人的医生。当时已经知道,有许多传染病是由各种肉眼看不见的微小病菌引起的。它们在人体内为非作歹,造成人们大量死亡。面对这横行不法的杀人小凶手,医学界一筹莫展，可欧立希却坚定地表示："我们必须用神奇的子弹去消灭它！"可是，到哪儿去找到只杀死病菌，而又不伤害人体的"神奇子弹"呢？很多人都表示怀疑，他们把欧立希叫做"幻想医生"。但是，欧立希决心用实际行动，去实现这个大胆的幻想。欧立希废寝忘食地学习前人的经验，他翻阅了德文、英文和法文的书籍、杂志，在他的办公室里，书架上、桌子上、椅子上、地板上，都堆满了厚厚的书本。一看到有用的材料，或自己有新的设想，无论在何时何地，他都要它们记下来，甚至地板上、衬衣袖口里、鞋底上，都用铅笔和粉笔写满了化学公式和符号。欧立希和他的助手在实验室里，一天又一天，一月又一月，不停地对染上疾病的小白鼠，用各种各样的化学药物进行治疗。好几百种药物全都试过了，耗费了上千只小白鼠，依然没有什么效果。为了加快实验的进行，欧立希日夜奋战在实验室里，经常一连好几个晚上，只在长椅上用书本当枕头睡觉。有一位朋友劝欧立希不要白费劲了，欧立希坚决地说："实验一定要继续下去，一定要找到这'神奇的子弹'。"欧立希坚信科学探索的成功往往是建立在无数次失败和挫折的基础上的，1909年，欧立希和他的助手们实验的606号编号的化学药品，终于经受住了考验。一批批得病的小白鼠，打一针就可以恢复健康。欧立希以解救人民疾苦的坚强信念，以对科学实验百折不挠的勇气，终于把找到"神奇子弹"的幻想变成了现实。

后来，欧立希把这种神奇的药剂称作"606"，它成为医学上治疗梅毒等病菌感染的有效药物，被人们誉为"梅毒的克星"。但是，欧立希在成功面前没有陶醉，更没有驻足不前。1912年，他又成功地制成一种比"606"更安全有效的抗梅毒新药——"914"。

比伦效应的启示

人生并不完美。每一个人在生活、学习、工作中难免会出现失败。应该怎样对待失败呢？应该不怕失败，宽容失败，正视失败。

（1）不怕失败。成功是我们追求的目标，失败是成功的基石。失败不是灾难，而是成功的要素。人生就像坐过山车一样，只要不掉下来，就会有起伏。有了追求成功的欲望，更要有不怕失败、追求成功的勇气和信心。世上成大事者，大都经历了多次失败，才获得成功的。所以，在遭遇失败时，一要坦然。无论面对冷漠的眼神还是尖刻的讥讽，都平静如水，泰然处之。坦然是一种勇气与自信，因为你相信成功离自己并不遥远，你才有勇气面对现实中的一切，才会用积极昂扬的心态从头开始，二要坚强。人生的道路不可能一帆风顺，未来可能有更多的风雨等着我们去面对，跌倒再爬起来，擦去嘴角的血迹，掸去腿上沾满的浮尘，让心智更加清明，让脚步更加坚定。三要微笑。不管心情如何沮丧，自信如何受挫，都必须微笑面对，告诉自己，失败并不可怕，而是另一种财富。微笑不只是嘴角的上扬，更是一种心底的释然。面对失败，最害怕的是怜悯。不要像祥林嫂一样到处兜售自己的苦难换取别人的同情。失败，是上天给世人的考验。许多人经不住这种考验，消沉了。一些人承受住了考验，把失败转化为成功，把桂冠戴在了头上。挫折、失败是成功道路上的里程碑，100次的失败只为了第101次的成功！只要在失败中看到光明、抓住机遇、不懈努力，就能收获成功。

（2）宽容失败。败者并非全是弱者。项羽是中国历史上最大的败者。楚汉相争，楚军本来一路称雄，然而垓下一战，项羽在乌江自刎而亡。他是弱者吗？宋代女词人李清照用20个字写下了千古的悲壮："生当做人杰，死亦为鬼雄，至今思项羽，不肯过江东。"当年的李宁，在十七年的体操生涯中，拿到106枚国内外的体操大赛金牌，获得14个世界冠军，其中在南斯拉夫萨格勒布市举行的第6届世界杯体操比赛中获单杠、自由体操、跳马、鞍马、吊环和全能6项冠军。1984年在第23届奥运会男子体操单项比赛中夺得男子自由体操、鞍马和吊环3项冠军，被誉为体操王子。却终因在后来的鞍马比赛中摔下，与冠军失之交臂，结束了运动生涯。他是弱者吗？其实做企业也是这样。"失败"是企业成长过程中回避不了的问题。多数失败者都是不甘平庸、勇于探索、力求超越的人，总想用新思路建立新体制、新机制，用新招数开创新局面、取得新业绩，本质是好的。可以说，干事就可能有错误，创新就可能有挫折，改革就可能失败。我们要破除求全责备的观念，以更加宽广的胸怀鼓励探索者。支持改革者，善待挫折者，宽容失败者，保护创新者，激励成功者。特别要对悲壮的败者给一份崇敬，留一点安慰，也是对他们再度辉煌预留喝彩。

（3）正视失败。失败要败得明白、清醒。病有病因，败有败因。我们总要找出败因，知道为什么败，力求打一仗进一步。"命"是失败者的借口，"运"是成功者的谦辞。诸葛亮说："善败者不亡，不善败者亡之"，道出了人生之路的两种不同轨迹。所谓善败者，就是那些敢于直面失败的人。失败之所以是成功之母，是因为失败是人生有益的经历，挫折是人生重要的财富，错误是人生最好的老师。失败后能够正视挫折，认真检讨，找出败因，拿出对策，才会成功。如同走路摔倒了，一定要站起来，继续往前走。但要知道这一次为什么摔倒，才能避免下一次犯同样的错误。失败并不可怕，可怕的是不知道为什么会失败，一而再、再而三地在曾经的错误里徘徊，迷失在失败的泥潭里。只有那些正视失败，能够在失败的烈焰中淬火的人，才会避免重蹈覆辙，收获成功的战利品。有位睿智的年轻人深有感悟地说："要把失败的经历用力挤压成一粒小小的压缩饼干，深藏于记忆之中。脱去痛苦、悲伤和打击的水份，留下经验和教训的硬壳，把它揣在怀里，才能时时提醒自己。"

运用比伦效应需要注意的问题

失败是企业管理避不开的话题。运用比伦效应需要辩证地认识和处理问题，把握好度。

（1）宽容失败要把握分寸。要宽容探索和前进中的失败，却不能容忍重复的低级错误。毕竟，人们不奢望有屡建奇功、从不失手的常胜将军，也不希望有稀里糊涂、一败再败的常败将军。

（2）不为失败找借口。借口会让人消极颓废。有些人养成了寻找借口的习惯，当遇到困难和失败时，会找各种各样的借口和理由，这种消极心态剥夺了人们进取与成功的愿望，最终让人一事无成。

（3）不要为失败而喝彩。失败毕竟是失败，正视失败是勇敢的表现，为失败而喝彩是颓废的表现，永远不会成功。

（4）不轻言放弃，寻找成功的机遇。失败也是一种机会，孕育成功的种子。面对失败要有一颗善于忍耐、百折不挠的心。善于从逆境中看到光亮，以积极的心态对失败进行回顾与分析，在过程与细节中寻觅问题所在，找到改变现状的方法，寻找和把握失败中蕴含的机遇，最终实现大逆转，由失败走向成功。

9. 甩手效应

简单不等于容易，把每一件简单的事情做好就是不简单。

甩手效应的由来

大哲学家苏格拉底在开学的第一天就对学生们说："从现在起，你们坚持每天尽量把胳膊往前甩，然后再往后甩，一天300下，看你们能坚持多久。"同学们想，这么简单的事，谁做不到呢？过了一个月，苏格拉底问学生："同学们，每天甩手300下的有哪些人？"有2/3的同学骄傲地举起了手。又过了一个月，苏格拉底又问了同样的问题。这回，坚持下来的学生只剩下了1/3。

一年过后，苏格拉底再一次问大家："请告诉我，最简单的甩手运动，还有哪几位同学仍然在坚持做？"这时，整个教室里只有柏拉图举起了手。柏拉图的坚持不懈，培养了坚忍不拔的毅力，对他的学业和事业大有裨益。后来，他成为古希腊最有成就的哲学家。

现实中也如上述甩手故事那样，能始终如一地做好每一件简单事情的人是少数。这种现象叫做甩手效应。

甩手效应的哲理

每天甩手300次，这样看似简单的事情，却极其难以坚持，这件事揭示了做人做事的深刻哲理。

（1）成功不是偶然的。看起来很偶然的成功，也有其内在的必然性。老子云："合抱之木，生于毫末；九层之台，起于累土；千里之行，始于足下。"说的是小事不小，认真做好一些简单的小事情，就能铸就成功、拥抱成功、享受成功。

（2）简单不等于容易。生活中的很多事情，看起来很简单，却往往难以做到。由于人们把这些简单的小事看得很容易，处理起来漫不经心，当然也就无从做好。其实，能够持之以恒地把大事做小，把小事做久，不是件容易的事。正如海尔集团总裁张瑞敏所说：把每一件简单的事情做好就是不简单，把每一件平凡的事情做好就是不平凡。

(3) 甩手效应体现素养。乐于做简单、平凡的事情，体现人的能力，更体现人的素养。但凡能做大事的人，都能把小事做细、做好。老子说："天下难事，必做于易；天下大事，必做于细"。它深刻揭示了大与小、量与质的关系。任何一件小事，只要你把它做细致、做到位，就会从中发现机会，找到规律，从而成就大事。现实生活中，一些人眼高手低。只想做"大事"，不愿做"小事"，结果是大事做不了，小事也做不好。当他们对目前的工作不满意时，很容易找出一大堆理由，却很少从自身找原因，问一问自己有没有把这份"简单"的工作做好。

(4) 做简单的事情需要韧性。很多走上工作岗位的年轻人，对未来充满幻想，对工作满怀激情，非常努力、认真。工作一两年以后，往往会对工作失去新鲜感，缺乏新的刺激，工作热情就会减退，不再认真做事。而那些不嫌弃简单重复的小事、始终如一地做好日常工作的人，终究会等到机会，步向成功。

甩手效应的实例

案例一：捡起一张纸，成就福特梦想

福特是美国"福特公司"的创始人。大学毕业后，他去一家汽车公司应聘。和他同时应聘的，比他学历高的有三、四个人。前面的几个人面试之后，他觉得自己没有什么希望了。当他走进董事长办公室时，发现地上有一张纸，弯腰拾起来，发现是一张废纸，便顺手把它扔进了废纸篓，然后径直到董事长的办公室，说："我是来应聘的福特。"董事长说："很好，很好！福特先生，你已被我们录用了。"福特很惊讶，董事长接着说："你的眼睛能看见小事，我认为能看见小事的人，将来自然看得到大事，一个只能看见所谓'大事'的人，会忽略看见的小事，他是不会成功的。所以，我决定录用你。"

福特就这样进了这个公司，后来他成了董事长，把这个公司命名为"福特公司"。这个公司名扬天下，也相应改变了整个美国国民经济状况，使美国汽车产业在世界占居鳌头。而福特这种看重小事的精神也成为公司奉行的"经典"作风。

案例二：保安李双鹏四年考研，梦想成真

高中阶段的李双鹏学习刻苦，成绩却不理想。1998年，中专毕业的李双鹏，担任油田一个机修厂的技术员。由于勤奋好学，他成为厂里第一个用绘图软件制图的人，很受厂长赏识，不久被提拔为分厂的副厂长。后因机构变动，被调入车辆修造厂。人事科长告诉他，厂里不缺技术员，缺维修电工，他很快进入了角

色。正当他向"做最好的维修电工"的目标奋进时，却在一次高空维修时意外摔伤，多处骨折，先后做了四次手术，修养8个月后才基本恢复。

2004年8月，车辆修造厂改制，李双鹏因保留工伤待遇离厂，被安排在社区当保安，成为一栋小楼的门卫。

在常人看来，由分厂副厂长到维修电工，再到保安，是一步一步地往下走。但李双鹏没有失落，而是看到了提升自身价值的机会。2003年，他拿到自学考试本科证书。2004年开始，他利用大量的业余时间复习功课，决心考上重点大学的研究生。从2005年到2007年，李双鹏连续考了三年，结果都落榜了。正当他心灰意冷地准备放弃时，他收到了许多人的鼓励和支持，这些人的支持给了他力量，他决心2008年再考一次。

成功就在坚持之中。2008年，李双鹏终于梦想成真，考上了北京一所重点大学的研修机械控制专业。

甩手效应的启示

甩手效应体现在工作、学习、生活的方方面面，连着你我他，连着成功与失败，给人以思考，给人以启迪。

（1）把大事做小。毛泽东同志曾经打过一个比方，饭要一口一口地吃，仗要一仗一仗地打。意思是大的战役可以分解成很多小的战斗去打，积小胜为大胜；做企业也是这样，需要化整为零，做好每一件简单而又具体的小事，最终成就企业的伟业。世界文豪伏尔泰说过："使人疲惫的不是远方的高山，而是鞋里的一粒沙子。"小事对人的影响可见一斑。

（2）把小事做细，做到位。凡事无小事，只有花大力气，把小事做细，才能把事情做好。西方有句名言："罗马不是一天建成的"。如果说管理的一般法则是科学，那么管理中的细节就是艺术。布置不等于完成，很多差错出于执行不力，需要不折不扣地抓落实。管理者在布置任务时，不能满足于一般要求，应该加强工作流程的控制，把责任落实到具体岗位、具体个人，明确工作内容、数量、进度与时限，提出工作质量标准和要求，提示工作的重点、难点与方法，对工作结果适时检查、考核与奖惩。只有浮躁被扎实所代替，冲动被理智所折服——认识到"布置不等于完成，简单不等于容易"，才是成就大事的不可缺少的基础。

（3）把事情做到底。人的一生应该是做事的一生，奋斗的一生，如同蜡烛那样从头燃到底。一代名将曾国藩曾说："天下大事当于大处着眼，小处着手。"他是这么说的，也是这么做的，才使得他最终得到了清廷的信任，大权牢牢地掌握在自己手中，实现了自己的霸业。天下三分有一的刘备做事认真细致，不放过丝毫的问题，才使得天下豪杰争相归附，有了与曹操、孙权抗衡的能力。现实生活中，人们往往三分热情、七分冷漠和灰心，缺乏恒心与毅力，虎头蛇尾，甚至半途而废。而成功往往赐予有恒心和毅力的人。董仲舒专心攻读，孜孜不倦，"三年不窥园"，成为西汉著名的思想家；达芬奇从每天画相同的鸡蛋起步，成为多才多艺的画家、寓言家、雕塑家、发明家、哲学家、音乐家、医学家、生物学家、地理学家、建筑工程师和军事工程师，是意大利文艺复兴三杰之一，也是整个欧洲文艺复兴时期最完美的代表；蒲松龄"草亭路问"，几十年如一日地辛勤搜集和创作，完成中国文学史上的辉煌巨著《聊斋志异》。这些故事说明了一个道理：人有恒心万事成，人无恒心万事崩。所以，恒心和毅力是成功的不二法门。我们做事情不可遇到"拦路虎"就打"退堂鼓"，而要善始善终，始终不渝。唯有这样，成功才会一步一步地向你走来，最终与你拥抱。

运用甩手效应需要注意的问题

（1）明辨是非，勿做坏事。"勿以善小而不为，勿以恶小而为之"是古人修身养性的名句。这里讲的"善"与"恶"，均为小事，却有质的差异。做与不做，一字之差，却鲜明地体现一个人的素质、品德。我们平时每天都会遇到很多小事，如何做到"勿以善小而不为，勿以恶小而为之"，这是对每个人的考验。

（2）从小事中把握机会。机会隐藏在小事和细节之中。人生漫漫，机会常有，往往悄然而降，稍纵即逝。许多人常常抱怨幸运之神没有光顾自己，却没有意识到机会一次一次地从自己面前溜走。机会是给有准备的人的，机会是靠自己去把握的，这就是竞争。从小事做起，抓住各种锻炼自己的机会，是我们应该具备的基本能力，也是在社会中的立足之本。

10. 攀岩效应

一着不慎，全盘皆输。

攀岩效应的由来

攀岩运动源自一个美丽的爱情故事：在欧洲阿尔卑斯山区的绝顶上，生长着一种珍奇的高山玫瑰。相传只要拥有这种玫瑰，就能获得美满的爱情。于是，勇敢的小伙子便争相攀岩，摘取花朵献给心爱的人。后来，这种活动演变成了一项运动，标志着勇敢顽强，坚忍不拔的运动精神。

攀岩效应的哲理

攀岩效应蕴含着"过程第一，结果第二"、"细节决定成败"的深刻人生哲理，要求我们精益求精、一丝不苟地做好每一件事情，把握好每一个细节。

（1）过程第一，结果第二。我们做事情往往注重目标的设定，却忽视执行的过程管理，最终是目标宏伟，结果缩水。电视剧《康熙王朝》中有这样的情节：大臣李光第向皇上报告，"某地发大水，朝廷拨十万担粮食，到灾民手里只有两万担"。类似这样的现象，数不胜数。为什么种下"龙种"，收获的却是"跳蚤"？是因为在工作过程中缺乏对战略不折不扣的执行，缺乏认真的工作态度，对事情只是敷衍了事。执行是实现目的的手段，然而，手段不到位，目的就难以达到。所以，一旦目标确定之后，就要把执行放在第一位，实行有效的过程控制，目标的实现自然会水到渠成。如果忽视过程，再好的规划和目标也是空中楼阁。

（2）细节决定成败。我们的工作就如同攀岩，对于失败，每一步都是决定性的。足球比赛过程非常精彩，因为临门一脚功夫欠佳，失掉关键一分而导致失败；乒乓球比赛，一路上风，因为一次失误，引起心理和技术失常，导致前功尽弃。类似现象不胜枚举，虽各有不同，但道理相似。

（3）细节体现执行力。万丈高楼平地起，一砖一瓦虽然是细枝末节，都是盖楼的过程，是不可缺少的重要环节，体现具体的执行力。没有一砖一瓦的堆砌，就没有拔地而起的万丈高楼；没有一砖一瓦的精细施工，就没有一座质量优良、令人放心的万丈高楼。倘若不重视一砖一瓦的施工，粗制滥造，质量低劣，盖起来的楼房势必是危楼、烂楼。企业的成长与盖楼房是一个道理。要把企业发展蓝图变为现实，就需要有精细的执行力，抓好每个环节每个细节的运行和落实。没有一个环节一个细节的精心操作，再好的发展蓝图也只能是"纸上谈兵"。

攀岩效应的实例

案例：卢嘉锡的"毛估"

卢嘉锡在厦门大学求学时，教物理化学的区嘉炜老师特别喜欢考学生。有一回，区老师出了几道考题，其中有一道特别难，全班就卢嘉锡一个人基本上做出来了。然而，这道题点错了一个小数点，只得了四分之一的分数。

老师见卢嘉锡不服气，就说："假如设计一座桥梁，小数点点错一位可就要出大问题、犯大错误了……"

聪明的卢嘉锡理解了老师的苦心，进而思考如何避免诸如点错小数点之类不应有的错误。当他静下心来检查出错的原因时，发现问题不仅仅出在一时的疏忽上，因为他的计算结果在数量级上明显地不合理；如果解题时能够认真对照分析一下题目所给的条件，错误是完全可以及时发现和纠正过来的。而自己所以出错，根本原因就在于自己心中对解题的目标没有"谱"。

从那次以后，不论是考试还是做习题，卢嘉锡总是千方百计根据题意提出简单而又合理的物理模型，也就是毛估一下答案的大致数量级，如果计算的结果超出这个范围，他就赶快检查一下计算过程。这种做法，使卢嘉锡在后来的学习和工作中有效地克服了因偶然疏忽引起的差错。

攀岩效应的启示

攀岩效应告诉我们，细节是企业的生命。企业要茁壮成长，有效发展，攀登高峰，必须求真务实，抓好细节。

（1）细节是企业的生命。伟大源于细节。那些患大企业病、甚至瘫痪的企业，往往人浮于事，相互推诿，对市场信息不敏感，内部各部门之间沟通障碍，员工创新动力不足。大量的事实告诉我们，1%的错误往往带来100%的失败。我们要高度重视攀岩效应，增强细节意识。

（2）求真务实抓细节。"泰山不拒细壤，故能成其高；江海不择细流，故能就其深。"在中国，想做大事的人很多，愿意把小事做细的人很少。在企业，我们不缺少战略规划的"设计师"，缺少的是战略执行的"工程师"，许多企业的发展蓝图金光灿灿，十分诱人，多少年后仍然是水中月、镜中花，要成就大事，体现和提升人生价值，必须改变心浮气躁、浅尝辄止的毛病，注重细节，一丝不苟，做细做精每一件简单而又平凡的小事，这样才会赢得机会，走上成功之路。

运用攀岩效应需要注意的问题

（1）抓细节要识大体，看方向。提倡既埋头拉车，又抬头看路。埋头拉车，就是要脚踏实地，埋头苦干，认认真真地做好每一件事，一步一个脚印地走好人生每一步；抬头看路，就是要心有宏伟目标，有很高的精神境界，有科学的人生观、价值观，使做事充满动力，人生充满活力，不至于妄自菲薄，半途而废。

（2）培养细节能力。攀岩要步步不失脚，一攀到顶，需要培养业务能力，养成严谨认真的习惯。如果只是心里想着细节，嘴上喊着细节，行动上却缺少细节能力，心有余而力不足，往往好心办不成好事。好作风、好习惯不是天上掉下来的，而是靠平时养成的。运用攀岩效应，一定要加强细节能力的培养和积累。

（3）充分把握重点、节点和难点。要把细节管理贯穿于实现目标的整个过程，管住重点，控制好对全局影响最大的工作；抓好节点，细致入微，每个细小环节都不马虎凑合；还要突破难点，解决好影响进程的瓶颈问题。只有这样，细节管理才能避免口号化，成为实实在在的行动，目标实现和事业成功才有具体的保证。

11. 飞轮效应

开头不畏难，事业昌盛；中途不歇脚，基业常青。

飞轮效应的由来

说起飞轮，大多数人都会有些陌生。而说起农村碾米磨面的石碾子、打场用的碌碡（石滚），想必我们就会熟悉许多了。

飞轮从静止到转动，每转一圈必须用很大的力气，经过一圈一圈地转动，飞轮会转动得越来越快，达到某一临界点后会形成一种惯性，无须费大力，飞轮依旧会快速转动。推力不减，飞轮就不会停止。

在职业发展中，也存在这种现象：开始时我们必须付出艰辛的努力才能使事业之轮转动起来，当事业平稳发展之后，只要坚持，就会走上良性发展的轨道。若是不再努力、甚至吃老本，就会停滞不前，甚至倒退。这就是"飞轮效应"。

飞轮效应的哲理

飞轮效应通过物理规律阐释了人生哲理：一个人、一个企业要发展，先要苦练本领，夯实基础，让"飞轮"动起来，才能驶上快速飞转的道路。

（1）万事开头难。事业的起步，是从不会到会的过程。这个阶段非常重要。运动员成才阶段一般是三至五年，做其他工作也是这样。在起步阶段，面对陌生的岗位、陌生的业务、陌生的环境、陌生的文化，必须付出十二分的艰辛和努力，才能取得一点点效果，且工作效率不高，差错较多，付出远远大于收获。这时千万不要放弃，只要能够坚持再坚持，努力再努力，光明就在前头。

（2）量变到质变需要一个过程。量变是质变的必要准备，质变是量变的必然结果。这个道理告诉我们，质变要靠量变的积累。人的能力不是天生就有的，事业的辉煌也不是天上掉下来的，而是一个不断学习、实践、总结、积累的过程。人只要努力就会有进步，一次的进步不显眼，诸多"进步"的积累，就能产生质的飞跃。

（3）保持飞轮平稳转动需要不断用力。飞轮在转动中要克服阻力，就需要持续不断地注入新的活力，一个人、一个企业同样如此，如果骄傲自满，不再努力，那么事业的车轮就会减速，甚至停止不前。所以，必须不懈地努力，通过大量的实践和探索，持续的改善和提升，实现渐进式的进步。积累到一定阶段，达到质的改变，推动事业飞轮更加快速的转动。

飞轮效应的实例

案例：腾飞的华为

20世纪80年代，中华大地掀起改革开放的浪潮，已过不惑之年的任正非，毅然辞去部队团级干部职务，南下深圳，立志开创一片新天地。

一开始，他在南油打了两年工。1987年开始创立华为公司，公司注册资金2万元，主要代销香港的一种HAX交换机，是一种既无风险又能获利的经营方式。经过两年的打拼，公司有些积蓄，任正非放手一搏，投入全部资金研究开发数字交换机，并发出豪言："十年之后，世界通信行业三分天下，华为将占一分。"

带着这些信念，任正非义无反顾地踏上了这条充满困难、风险和希望的创业之路。为了凝聚人心，华为大量吸收高学历人才，起草了《华为公司基本法》，打造了一支"狼性团队"。在公司业绩迅猛上涨的时候，提出"华为的冬天"，开展全员危机教育。通过种种措施，华为创业成功，经营业绩大幅飙升，实现跨越式发展，成为中国市场GSM设备、交换机产品及接入系统的佼佼者。经过21年的创业和发展，华为建立了良好的组织体系和技术网络，市场覆盖全国，还在全球建立了30多个分支机构，2009年华为销售收入300亿美元，令世界的同行刮目相看。

飞轮效应的启示

无论对个人、还是对企业，飞轮效应都有一定的指导意义。

（1）个人飞轮效应的应用与实践。人的职业生涯一般分为四个阶段：学习储备阶段——参加工作，就应进入学习储备阶段。无论是你想干的、愿干的，还是领导交办的、指令的，都要努力做好。既要学到知识，又要积累经验，更要找出适合自己优势的工作来。目标确定阶段——在实践和学习中，不断修订自己的奋斗目标，使自己的目标更切合实际，和优势更好地结合。快速发展阶段——目标确立之后，就要吃得了苦，耐得住寂寞，虚心学习，义无反顾地为实现目标而拼搏，积小胜为大胜，由量变到质变，及早使自己的飞轮快速旋转起来。储蓄充电阶段——不断地学习新事物，不断地充电，保证自己不落伍，保证飞轮稳定的旋转。

（2）企业飞轮效应的应用与实践。企业的成长和发展一般也分为四个阶段：企业起步阶段——进行有机的组合，吸收前人的经验教训，整合社会优势资源，推动新办企业快速起步。稳步发展阶段——企业进入了以稳定为主、力争迅速发展做大的阶段。即从10万元到100万元、从100万元到1000万元的奋斗。以市场需求为目标，依靠大企业和优势大企业，使飞轮的旋转提速。优势强化阶段——在有了一定的基础和实力后，就应研究、培养和强化自己的特色和优势，使企业出效、出彩，做得更强、更大。不断超越阶段——企业发展不进则退，要跟上和超越经济前进的步伐，不断超越自我，保证企业的飞轮继续加速，向百年昌盛的远大目标迈进！

运用飞轮效应需要注意的问题

（1）自觉地促成质变。量变到质变是一个普遍规律。而在现实中并非量变一定实现质变。也就是说，资历、阅历并非等同于能力和才干。要促成量变到质变，需要发挥主观能动性，善于总结，提升经验，增长才干。古罗马皇帝哈德良手下有位将军，以他的长久服役为由，请求提升职务。他向哈德良报告："我已经参加十次大战"。哈德良是一个对人及才华有着高明判断力的人，他并不认为这位将军有能力担任更高的职务，于是他随意指着拴在周围的战驴说："亲爱的将军，好好看看这些驴子，它们至少参加过20次战役，可它们仍然是驴子。"

（2）切忌停歇。飞轮不是"永动机"，犹如骑自行车，用力踏车，车速会越来越快，若是不再用力，车速越来越慢，最终停止。运用飞轮效应，要明白做任何事情都要不断努力，不可一劳永逸。

方法篇

橘子效应	凡事把握本质，找准对策
甜甜圈效应	突出重点，兼顾一般，平衡发展
权变效应	管理是科学，更是一门艺术
变形虫效应	善变才会赢
多米诺骨牌效应	星星之火，可以燎原
分马效应	用非常规的办法智慧地解决问题
刺猬效应	解决问题最需要的不是复杂，而是简单
智懒效应	智慧的"懒惰"比缺少智慧的"勤奋"更有效
瓶颈效应	事物总是伴随着一个个瓶颈的突破而发展的
标杆效应	正面榜样的力量无穷，反面典型的危害巨大
树根效应	学习力、文化力是企业的生命之根
观赏驼效应	才尽其用，为员工搭建充分施展才智的舞台
超限效应	防止就一个问题过多过强地刺激下属
破窗效应	防微杜渐胜过亡羊补牢

12. 橘子效应

凡事把握本质，找准对策，千万不要只看树木、不见森林，造成误解误判，贻误事业。

橘子效应的由来

吃橘子须先剥皮，才能见到果肉。这就是橘子效应。

橘子效应的哲理

橘子效应揭示了现象与本质的关系。

（1）现象与本质密不可分。任何事物，无论是简单的事物还是复杂的事物，都有自己的现象，也都有自己的本质。现象和本质密切相联、不可分割。一方面，本质总要通过种种现象去表现；另一方面，现象依附本质而存在，并表现本质，现象的根据在于本质。每件事情背后往往隐藏着另一面，有时需要剥去一两层表皮，才能发现里面真正的内容，观察内部的运作状况。就像橘子，剥去外皮才可以看到里面的实质。

（2）现象和本质是对立的。现象是个别的、片面的东西，多变而易逝，是事物本性多方面的具体表现；本质是相对稳定的东西，具有隐蔽性。现象中有真象和假象，假象虽然是事物本质的一种表现形式，却是一种颠倒的、虚假的表象。假象与本质对立最为明显、最为突出。所以，我们要透过现象看本质，如果要认识橘子，只有剥皮切肉才能看清它的真实内容。我们在实践中要深入实际，调查研究，从个别现象中抽象找出共同的本质，形成理性认识。

（3）现象和本质又是统一的。现象和本质是揭示客观事物的内部联系和外部表现的相互关系的一对范畴。现象是事物的表面特征以及这些特征之间的外部联系。本质和必然性、规律性是同等程度的范畴。不表现为现象的本质，或者不表现本质的现象，都是不存在的。认识事物的本质，也就是把握事物的必然性、规律性，并运用这些必然性、规律性去实现人的目的。

(4) 认清本质是一种能力。橘子理论在实际工作中有讨论和研究价值。一个问题或现象的出现，往往有着深层次、多方面的原因。如果只从问题的表面现象做出判断，难免犯错误。管理的高级阶段要求能够看到问题后面的真相，这需要经验的累积和长期的历练。

橘子效应的实例

案例：三鹿事件的本质原因

三鹿事件曝光后，《人民日报》相继发表题为《诚实守信是企业发展的根本》、《道德是市场经济的基石》等多篇评论员文章，透过三鹿现象在本质上找原因，抓住"诚信和道德"两个要害问题，分析透彻，警示到位。让我们欣赏其中的片段：

这一事件的发生，给人们以教育：欲建立企业，先建立信誉；欲做大企业，先做好信誉；欲做强企业，必牢守信誉。诚实守信一向被我们民族视为"立人之本"、"立政之本"、"进德修业之本"。能做大做强、久盛不衰的企业，有哪个不是恪守信誉的企业？"三鹿奶粉"事件固然给消费者家庭、给社会造成了严重危害，但害人者必害己，损人者必损己。始作俑者正在受到党纪政纪的严肃处理、国家法律的严厉制裁；生产厂家由红红火火的发展变成了冷冷清清的停产整顿，全国奶产业的生产受到了很大冲击，严重影响了在国际市场的竞争力。

这一事件的发生，给人们以警示：一些人唯利是图、不讲道德是祸根。明知道"三聚氰胺"是工业原料，人是不能食用的，为了获取利润，偏要昧着良心将它加到牛奶中；明知道牛奶贩子购买"三聚氰胺"是害人的，"三聚氰胺"的经销商还要几次找上门去推销；明知道牛奶中加进了"三聚氰胺"，奶粉厂还要制成奶产品销售。更令人忧虑的是，这种状况任其蔓延，始作俑者会由无知走向故意，由见利忘义走向谋财害命，由不讲道德走向违法犯罪。这样，我们损失的就不仅是财产，而且是身体的健康，生命的安全。不仅是发展的可能，而且是生存的条件。沉痛的教训告诉我们：没有诚实守信的社会环境，就没有安全的食品。

"民以食为天，食以安为本。"食品行业事关生命安全，需要的不仅是技术和资金，更要讲道德和良心。然而，通览"三鹿奶粉"事件中一些企业的表现，有见利忘义的冲动，有明知故犯的侥幸，有心知肚明的"默契"，就是没有起码的道德良知约束。为追求利润，一些企业置婴幼儿生命健康于不顾，做出了让母亲泣血、令社会蒙羞的行径。这种行为重创了奶制品行业，更重创了社会的诚信机制。

诚信是社会契约的前提，道德是商业文明的基石。作为人们共同的行为准则和规范，道德是构成社会文明的重要因素，也是维系和谐人际关系、良好社会秩序的基本条件。我们放心走路，是因为我们相信车流会在红灯前停下来；我们安心睡觉，是因为相信屋顶不会无缘无故塌下来。没有这种基本的信任，社会就不可能正常运行；市场经济的基本秩序，也就无从存在。如果诚信缺失、道德败坏、是非不分、荣辱颠倒，文明底线失守，再好的制度也无法生效，再快的发展也会出问题。

"三鹿奶粉"事件所暴露的道德缺失，也向全社会发出了预警信号。道德是一切制度运行的社会土壤。在一个国家的文明框架中，道德与法律唇齿相依，缺一不可，必须做到依法治国与以德治国并举。在我们完善社会主义市场经济、推进现代化的进程中，一刻也不能放松道德建设。只有在全社会深入开展社会主义荣辱观教育，大力加强公民道德、职业道德、企业道德、社会道德建设，在全社会形成诚信守法的良好环境，才能有效构筑牢固的社会文明防线，全面推进经济社会的科学发展。

橘子效应的启示

要区分现象与本质，达到"透过现象抓住本质"，需要把握三大技术：

（1）占有和积累感性材料，奠定分析基础。感性材料是认识本质的必要条件，没有感性材料，就无法进入认识本质的大门。表象的复杂性和多变性，容易误导人"一叶障目"。抓住本质的必要条件是材料的积累和分析，需要通过认真观察、实践，发现和收集大量的生动具体的现象，尽可能多地掌握第一手资料，做由表及里、去伪存真的思考和辨别，从感性认识上升到理性认识，就能够"窥一斑而知全豹"，不被假象迷惑，避免走入认识的误区。

（2）增强分析思考能力，善于抓住本质。我们常常出现"当事者迷"的现象，关键在于没有跳出事物的圈子，缺乏分析思考能力，遇事看不到本质，抓不住问题的要领。因此，首先要跳出来，以旁观者的身份观察和思考，抽丝剥茧，还原本质，掌握规律。

（3）注意本质的多样性。事物往往是错综复杂的。一方面，多种现象可能有共同的本质；另一方面，一种现象可能有多个本质，比如水，从化学角度分析，是两个氢原子和一个氧原子的化合物；从物理角度分析，是一种无色无味透明的液体。只有我们从多角度分析思考问题，才能得出科学的结论，准确地把握与运用。

运用橘子效应需要注意的问题

避免主观臆断，莫把巧合当必然。俗话说："无巧不成书。"有些看似紧密相关的表象，实际是不相关的两件事，现实中因巧合而误判的事不少见，要引以为鉴。在经济形势错综复杂的时候，要特别慎重地分析研究，凡事把握本质，理顺思路，找准对策，千万不要看了表面现象，尚未分析，就乱发议论或盲目决策，造成误解误判，贻误时机。

把握适度，不可事事抓本质。但凡涉及事业及前程的大事，要透过现象，抓住本质。而生活中的细微小事或习惯，不必刨根问底，揪住不放。比如，人多少有点私心杂念，有点惰性，且时常会以某种方式表现出来。管理者在批评这类现象时，只可说现象，不可无限放大、在本质上大做文章，那样容易伤人，引起反感、报复，既不利于改善干部与群众间的关系，影响团队和睦，又容易影响工作。

13. 甜甜圈效应

突出重点，兼顾一般，实现平衡发展。

甜甜圈效应的由来

甜甜圈是美国的一种油炸圆饼，中间有一个洞，纽约人称为百吉饼。它从美国风靡到世界各国。而在各国的企业管理中，也存在着同样受欢迎的"甜甜圈原理"，或叫"甜甜圈效应"。

甜甜圈效应是英国当代最著名的管理大师查尔斯·汉迪提出来的。汉迪所谓的"甜甜圈原理"与作为食品的甜甜圈相反，中央是实的，四周是空的。汉迪认为，人们应将追求生活和事业的活动放在甜甜圈的核心，甜甜圈的外围则代表你从事的其他活动。理想的状态应是以"甜甜圈"的中心为重心，外延为自由发挥的空间。人们必须远离那种几乎占用每个人所有时间的非中心工作。个人、工作与组织的甜甜圈是相互关联的系统，它们自成体系又相互关联，每个人要做的是在每个圈内与三个圈之间找到合适的平衡点。

有些工作没有边缘，例如民营企业家；有些工作则有广阔的空间，如专业护理人员、教师或牧师。当然大多数人还是喜欢比较平衡的甜甜圈，核心和边缘大小差不多。

大多数工作都只有核心没有边缘。今天很多组织所处的环境复杂多变，反应速度必须快。所以在管理这些组织的时候，必须确定甜甜圈的基本核心，明了自行决断的边界或区域，确定每个甜甜圈分别要求什么结果，以及衡量成功的行为标准。

甜甜圈效应的哲理

甜甜圈效应阐释了重点与一般、中心与外围的关系。

（1）确定中心，分清主次，保证重点。甜甜圈是一个整体，有中心，也有外围。企业日常工作千头万绪，如果不论轻重主次，会影响整体工作的质量。重点工作抓好了，队伍稳定，生产安全，企业实现经营目标就有了保证。

（2）围绕中心，抓点带面，全面发展。事物好比一个甜甜圈，核心就是中心，无论怎样变化，其他工作都会围绕核心转。企业的核心是发展战略。战略一旦确定，企业的计划安排、财务运作、物资供应、经营管理、生产组织、人力资源、思想政治等各项工作，都会围绕战略展开，为实施战略服务。

甜甜圈效应的实例

案例：丝绸公司的甜甜圈

某丝绸销售公司准备进入国际市场，把总部设到了上海，所属研发、配送、员工培训及公司大多数人员的工作、生活都在上海。上海就相当于"甜甜圈"的核心部位。

公司制定了"先近后远"的发展计划，先后在日本、新加坡、印度、韩国及俄罗斯成立了分公司，制定了明确的年度发展计划和分公司的责、权、利职责，工作的内容及目标都定义清楚，让员工知道该干什么，目标是什么。

目标确定之后，经营权力下放，分公司享有很大的自主权。采取什么样的营销办法，卖什么样的丝绸品种、采用什么样的运输手段、聘用多少人员、其他地域市场如何开发等，都由分公司掌控。总部对分公司的具体经营进行监控，放手不放任。还协助分公司分析市场、培训员工、调整组织结构，提高了组织效率与效益。

公司年末总结经验教训，奖优罚劣，制定新的目标，甜甜圈效应在新的高度上进行再应用、再升华。

甜甜圈效应的运用

甜甜圈效应适宜工程建设和正常工作安排，有利于理清思路，科学运筹，提高效率，实现工作和管理的科学化、规范化。在实践中要认真分析形势任务，抓住重点，用好工具，围绕中心做好工作设想、规划、计划、安排。

（1）甜甜圈内容分析。工作中的核心，也就是甜甜圈的中心是必须要定义清楚，否则就会失败。这些内容需要写入工作描述，但不是写下就万事大吉了。对于任何一件有意义的工作，不仅要完成所有必须完成的事情，还要在某种意义上提升它，使之有所不同。

（2）画出甜甜圈。把要做的工作罗列出来，写入工作描述，按照主次和轻重缓急排队归类，划入甜甜圈的不同区域或位置，主要工作放在核心位置，次要工作放在外圈，这样比较直观反映中心工作，便于理清思路，抓住主要矛盾，把握工作重心。

（3）制作工作运行大表。应用甜甜圈理论将重点工作列出运行大表。

例如：

工作名称 （做什么）	责任人 （谁来做）	具体措施 （怎样做）	完成时限 （年月日）	具体标准 （量本利）	业绩兑现 （月季年）	保障体系 （主管部门）	督导考核 （有关部门）

（4）绘制工作流程图。优化执行方案，将重点工作细化，分解到周、月、季，加强节点和过程控制，保证重点工作落到实处。

例如：

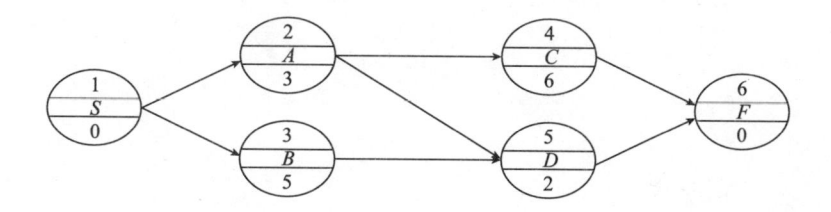

运用甜甜圈效应需要注意的问题

运用甜甜圈效应分七步：

（1）抓住重点，制定明确规划，让员工知道该干什么。从实际出发，清楚定位工作，科学运筹，突出重点，兼顾一般，搞好平衡，既不主次颠倒，又不挂一漏万。如，某公司准备上市，必须连续三年达到销售收入4 000万元以上，利润25%以上，年均增长15%以上。这三项硬指标应确定为企业近期甜甜圈的核心。

（2）转变观念，整合机构部门和人员，让员工明白为什么干。首先转变观念，把员工的思想都统一到实现核心目标上来；其次，做好组织准备，围绕核心目标调整机构和人员，充实和加强重点部门和项目团队，与实现核心目标有关的部门和人员全部保留，同时压缩、合并或撤销无关的部门和人员。

（3）制定标准，明确责权利，提高工作效率。制定详细、完整、具有可操作性的部门目标和个人目标，部门目标之和与员工个人目标值之和要分别大于公司三个核心目标，并让员工知道工作优秀可以获利。

（4）强化激励，让员工努力工作。公司重结果，员工重过程。让全体员工明白如何完成核心目标，运用适当的激励办法，调动员工的积极性和主观能动性。

（5）搞好服务，为实现核心目标开"绿灯"。抓好企业营销链的各项服务，提高效率，降低成本，协调关系，增强整体竞争力。

（6）及时督导，放手而不放任。密切关注和及时指导基层执行的动态，适度参与，当好教练，做到关注不干涉，参与不干预，指导不领导，教练不上阵。这是甜甜圈理论的一个重要的执行原则。

（7）定期评价，总结经验教训，制定新的目标。按照一定周期，如一个季度、半年、一年等，开展工作检查、总结和交流，分析和解决存在的问题，制定完善措施，使工作水平螺旋式上升。

14. 权变效应

管理是科学，更是一门艺术。管理方法的运用要因时因地因人而异，灵活巧妙，随机应变，切忌生搬硬套。

权变效应的由来

20世纪年代的美国，社会不安，经济动荡，政治骚动，加上石油危机对西方社会的深远影响，企业所处的环境很不确定。以往的管理理论，如科学管理理论、行为科学理论等，主要侧重于研究加强企业内部组织的管理，大多追求普遍适用的、最合理的模式与原则，而这些管理理论在解决企业面临瞬息万变的外部环境时却显得无能为力。正是在这种情况下，人们不再相信管理会有一种最好的行事方式，必须因地制宜地处理管理问题，于是形成了一种管理取决于所处环境状况的理论，即权变理论。"权变"的意思就是权宜应变。权变理论在美国的兴起，受到了广泛的重视。

其实，我国古代伟大思想家孔子、孙子和吴子等人的学说中就已经提出权变管理思想，特别是孔子、孙子的权变管理思想，在世界各国早已产生了重大影响。

中国对权变理论的概述：权变就是管理者应该因人制宜、因时制宜、因地制宜，灵活而不是固守的，多变的而不是单一的，既能权衡轻重，又能随机应变地运用管理方法。也就是说，管理者应依据环境的自变数与管理方法的因变数之间的函数关系，确定一种最有效的管理方式。

掌握和运用权变理论，灵活恰当地采用有效的方式方法解决具体问题，提升管理水平，就是我们强调的权变效应。

权变效应的哲理

权变效应的关键二字是权和变，即权衡轻重，随机应变。

（1）权变效应的核心是以变应变。事物是变化的，应对变化的最佳方法就是随机应变，切忌一成不变。构成事物的要素是多种多样，既有共性，更有个性，应该具体问题具体分析具体对待，如果搞一刀切，容易犯经验主义、机械主义的错误，导致管理上的重大失误。

（2）权变是科学、更是艺术。世界上没有一成不变的管理模式。管理与其说是一门理论，更不如说是一门操作性非常强的技术；与其说它是一门科学，更不如说它是一门艺术。一名高明的管理者应是一个善变的人，能够根据外部环境和内部情况的变化，及时变换管理方式，不断地调整自己，适应环境的变化，恰当地应对新形势、新挑战，用新思路准确而又艺术地处理好新问题，实现管理的新飞跃，推动企业的持续发展。

（3）管理方法只有适用的，没有最好的。权变效应揭示一个道理：组织企业、领导团队或者制定决策，只有适用的管理方法，没有所谓的最佳管理方法。一种组织形式或领导风格、决策方式，在某种情况下效果卓著，换一种情况可能就不那么成功。任何管理方式都会受组织内部或外部因素的约束。内部因素主要是指管理者的素质和能力，以及管理涉及的具体人员、事件、时间、场合；外部因素主要是指社会经济、政治、文化环境及全局形势变化。审时度势，选用适当的方法，实施恰如其分的管理，才能收到最佳的管理成效。

权变效应的实例

案例：食客自定菜价

美国匹兹堡有一家朱利奥家庭饭馆，运用系统思维法经营管理，颇有特色。饭菜定价由食客做主，招致顾客盈门。

常人开饭店是事先确定饭菜单价，确保获利。朱利奥却别出心裁，菜单上不标价，让顾客自己定价格，由顾客自觉付钱，不怕顾客不付钞或少付钞。乍看，这样做，可能会给某些顾客吃白食提供方便，饭馆有可能亏本。其实，朱利奥在这里运用了系统思维。这个新招会引来不少好奇的顾客，可以增添小店的名气，而且光顾者多数是有自尊心的，不会做出不光彩的事情来。饭店开张后果如他们所料，顾客纷至沓来，给的价格也都比较合理。而且还有高额付款的，以示阔绰。当然，也有个别人做了些不该做的事，朱利奥对此只是微微一笑，说："上帝祝福你！"

采用这一奇招，朱利奥赚了不少钱。

权变效应的启示

权变效应告诉我们，管理是一门可变性很强的学问。要想把握它的真谛，关键要提高自身素养，增强应变能力，以敏锐的嗅觉见微知著，使管理顺应变化，更加合理、科学、艺术、有效。

（1）审时度势。时势瞬息万变，兵无常势，水无常形，事有常变，理有穷通。管理者需要审察时机，忖度形势，认清内部与外部条件，权衡利弊得失，与时俱进，确定最佳管理方式；要了解市场规律，善于把握市场脉搏，预测市场变化，掌握竞争对手的动态，分析竞争对手的优劣，作出准确的判断和应对方法；还要摸清员工价值趋向和消费者的需求趋向，了解员工的真实思想，掌握消费者的现实和潜在需求，有针对性地调整管理模式和方法，使之更贴近服务对象。

（2）因人、因时、因地而异。作决断，搞管理，一切以人物、时间、地点、事件为转移，具体情况具体分析具体对待。机械式的管理往往凭老观念、老办法、老经验办事，不分青红皂白的"一刀切"。这种抽象化的思维方式，满足于规定的粗糙的程序和标签，不知变通，最终为教条所害，被时代淘汰。破除教条，摒弃老经验、老办法，以变应变，管理就会充满生机与活力。

（3）合理、科学、有效。权变管理决不是朝令夕改，更不是华而不实、哗众取宠，而是通过对不同管理对象的分析，对内外环境的把握，采取相应的管理方法，讲究合理、科学、有效。日本学者竹内启认为，国家现代化就意味着国家权力机构达到合理化，经济现代化就意味着工农发展的合理化，社会现代化就意味着承认人的基本的平等性，人的现代化就意味着确立人的主体性。竹内启把合理化提得这么高，是否恰当另当别论，但合理化作为权变效应的内涵是不能动摇的。

运用权变效应需要注意的问题

运用权变效应的前提是管理者要具有很强的思维判断能力。一个优秀的管理者必须具备思维性权变能力，思路开阔，头脑开放，长于多元化思维，方能对权变管理运用自如。思维性权变需要做到五个结合：

（1）思维敏捷和思维缓慢相结合。一个善于权变的管理者需要思维敏捷，头脑灵活，应对变化中的情况，左右开弓，得心应手。有时也需要放慢思维，像科学家玻尔和爱因斯坦那样大智若愚，稳中求胜。

（2）正思和反思相结合。管理者常常习惯从正面去思考、考察，这显然是必要的。鉴于事物具有复杂性，因此我们需要在正思的同时，从反面考量一下采取的应对办法是否行得通。

（3）辩证思维与想象思维相结合。作为一个现代管理者，应更多地运用科学的辩证思维，在对立统一中把握对立，用矛盾的内在必然性去考察对象，还必须具有想象思维方法。在已有的个人经验或人类经验的基础上创造出主观上或客观上的新东西，这是一个管理者富有创造力的源泉。

（4）局部思维与系统思维相结合。事物具有普遍的联系性，管理者分析事物，既要从个别出发，更要立足于整体，统筹全局，用整体论的方法来协调系统与人、系统与系统、系统与环境、系统与要素之间的相互关系。

（5）求同思维和求异思维相结合。求同思维是要善于学习前人和他人的知识、经验、法则，这是非常必要的。同时我们还需要学会求异思维，对被人们认为是完美无缺的定论持有怀疑态度，甚至亲自求证一番，避免附和、盲从。求异思维类似于创新思维，现代管理者富有求异思维能力是十分重要的。

15. 变形虫效应

善变才会赢。

变形虫效应的由来

变形虫身体弱小,凭着善变的能力,在复杂、险恶、弱肉强食的环境中得以生存,具有很强的生命力。受此启发,不少企业根据环境变化,确定不同的管理体制和管理模式,促进了自身有序有效地成长与发展。此即为变形虫效应。

变形虫效应的哲理

变形虫效应是现代企业科学管理的有效方法,是提高企业工作效率和经济效益的捷径,蕴含着诸多的管理哲理。

善变才会赢。21世纪的突出特点是快变多变。企业要适应变化,就不能墨守成规,一成不变,而要根据市场形势的变化,及时转变观念、思路,适时调整体制、流程。变形虫式管理就是采用一种组织结构模式,把原来固定不变的管理体制转化为柔性可变的组织结构,可以随机调整人力资源布局,掌握制胜先机,达到最佳生产营销状态。企业要随机应变,通过任务需要或绩效分析,及时调整组织结构或人员结构,达到最佳生产状态和营销状态,从而增强企业的竞争力,提升企业的整体效益。

企业重心在班组。班组是企业的根基,是企业的第一线,企业各项指标最终要落实到班组,企业的成效是一个个班组效益的叠加。班组工作做好了,员工的积极性、创造性调动起来了,企业的成长与发展才有坚实基础。变形虫式管理模式的主要特点就是把工作重心放在基层班组,将核算单位划小,明晰生产经营成本,业绩考核到人,环环相扣,使人人做事有指标、有压力、有动力。这样才能抓住"牛鼻子",解决制约绩效的瓶颈。

变形虫效应的实例

案例一：日本京都制陶公司的变形虫式管理

日本京都制陶公司借用变形虫的特征，创造了一套经营管理方式，称为变形虫式管理（Amoeba Management）。

京都制陶在部、课、系、班的阶层制之外，组织了一套以一千个"变形虫"小组为单位的独立核算体制。每个员工都从属于自己的"变形虫"小组，每个小组平均由十二三人组成。每个小组都要算出原料的采购费、设备折旧费、房租等各项经费，然后根据营业额和利润计算出单位时间的附加值。从前一个小组买入材料、扣除所耗经费，再根据加工产品卖给下一个小组的销售额计算出利润，就可以得出每个员工单位时间内创造的附加值。每个小组采购半成品的费用都按照市场价格计算。公司按月公布每个小组单位时间内的附加值、当月的经营额、每个组员及小组创造的利润及其占公司总利润的百分比等。

变形虫式管理形式直接对比生产效率与产值，全面掌握项目状况、原料消耗和每个小组负责人的经营能力等，不论哪个部门效率下降，都能立即判明。一个个变形虫小组就像一块块积木，可以根据市场变化和效益高低拆开，也可以重组，非常灵活，增强了整体应变能力和市场竞争力，为京都制陶公司创造了净利润率高达17%的佳绩。

案例二：海尔的"人单合一"

2005年12月25日，海尔在正式宣布启动全球化品牌战略的同时，将2006年的发展主题确定为"人单合一、速决速胜"，大力推行"人单合一、信息化日清"的管理模式，确立海尔发展的新机制。"人单"是每个人都有自己的市场目标，都要创造自己的市场。"信息化日清"是通过信息化手段，计算清楚每个员工、每个经营体的日工作量，对市场变化、经营状况、个人业绩等进行即时分析，以最快的速度掌握市场脉搏。海尔通过"信息化日清"清到"终端"，即每一个直面市场的人；"清"出每一个经营流程和市场终端的薄弱环节；"清"出所有问题的原因；"清"出解决问题的方法；"清"出经营人的正确的价值导向；最终"清"出一个扁平化的、透明的海尔价值链，"清"出每个员工的主动性和公司的市场竞争力。

新的管理模式告别了传统的流水线作业，实行整机独立组装，让员工从一个被动的按照指令完成任务的"打工者"转变为"老板化"的员工，以一个"经营者"的身份直面市场竞争，实现从"总装工"到"小老板"的嬗变。

让员工当老板，员工与企业变成一种自主经营的核算关系。海尔用三句话归纳了这种关系——"留足企业利润、挣够市场费用、盈亏都归自己。""留足企业利润"才能体现企业的竞争力，"挣够市场费用"才能谈得上市场经营，而"盈亏都归自己"则是一种全新的市场激励。

海尔运用市场法则，建立自主经营的机制，采取人单合一模式，让每个人都成为自主创新的SBU（战略事业单位），自主创新的小老板，努力实现最大自我价值和最大企业价值。

变形虫效应的优势

（1）便于调整。实行变形虫式管理，划小核算单位，按小组计算附加价值，易于追究经营不佳的小组负责人的责任。若经营业绩无法提高，就重新组合小组。

（2）易于考核。变形虫式管理便于强化对生产单元的生产经营活动的数字分析，把握日常生产动态，如原材料的供给、经费的上升，库存的增加，每个小组负责人的经营能力等。不论哪个部门效率发生波动，都能及时发现，迅速采取对策。

（3）激励性强。变形虫式管理可以激发员工的上进心。大企业的员工如同一个大系统中的齿轮，很难实实在在知道自己的工作成果，很难了解自己对公司到底有多大贡献。推行变形虫式管理，凸现了员工的作用和价值，使他们主动承担责任。通过核算单位时间的附加值，可以增强员工的成本意识，重视单位时间的附加值，获得成就感，而成就感则刺激上进心，使员工提高工作技能和效率，工作越做越好。

变形虫效应的启示

变形虫效应强调管理体制和机制要注重变化性和适应性，随机应变，可大可小，对于改善企业的经营管理具有积极的启迪作用：

（1）及时改变企业管理模式。任何管理模式都要适应市场的变化和管理对象的特点。市场变了，内部情况变了，产品变了，企业的管理模式不能一成不变，应该以变应变，力求在竞争中立于不败之地。

（2）重视每个经营单元。企业由诸多经营单元组成。运用变形虫效应，建立矩阵型柔性可变的管理模式，可以根据市场形势，划小核算单位，将企业的经营责任和利润目标层层分解、细化，让每个利润单元、每个岗位、每个人都有经营压力和动力；通过分析每个经营单元的经营状况，可以根据其特点和市场变化，及时予以调整，让每个经营单元体制小而灵活，在市场竞争中呈现出勃勃生机，有利于盘活企业经营的整盘棋，提高企业效率和利润水平。

（3）充分挖掘员工潜力。实行变形虫式管理，有利于企业在经营实践中发现和培养人才。把员工调整到合适岗位，使更多的员工变为"小老板"，实现"自我控制"、"自主经营"。这有利于员工锻炼能力，增长才干，增强团队向心力，摆正个体与整体的关系与企业同心同力，形成"不用扬鞭自奋蹄"的局面。同时，也为员工提升价值、实现价值搭建了舞台，为精英人才的脱颖而出创造了有利条件。在这种体制下，许多员工不仅圆了"当老板"的梦想，而且积累了当"大老板"的才能，逐步走上更高的管理岗位。

运用变形虫效应需要注意的问题

（1）灵活性与稳定性结合。运用变形虫效应时，企业的管理体制和机制要随着外界情况的变化而变化，但要重实效，要保持相对稳定。倘若为变而变，过多地频繁地变动，那就成了"瞎折腾"，既会付出巨大的成本，又不利于提高效率和效益。

（2）自主性与整体性结合。在给每一个经营单元自主权，让员工充分施展才智的同时，要强调经营单元的整体性，即便工作单元很小，人数很少，也要讲究整个团队的复合效应和战斗力。

（3）严格性与科学性结合。推行变形虫式管理需要上下联动。作为上层，既要随时掌握每个经营单元的运行情况，严格考核，奖优罚劣，充分调动每个经营单元的积极性。又要从战略高度思考问题，科学预测市场，准确把握市场需求信息，按订单组织基层的生产经营活动，防止出现"牛鞭效应"，产生不必要的浪费，造成整个经营链条的失调。

16. 多米诺骨牌效应

星星之火，可以燎原。一个很小的初始能量可能产生一连串的连锁反应。

多米诺骨牌效应的由来

公元1120年，民间出现了一种名叫"骨牌"的游戏。这种骨牌游戏在宋高宗时传入宫中，随后迅速在全国盛行。当时的骨牌多由牙骨制成，所以骨牌又有"牙牌"之称，民间则称之为"牌九"。

1849年8月16日，一位名叫多米诺的意大利传教士把这种骨牌带回了米兰，作为珍贵的礼物送给了小女儿。为了让更多的人玩上骨牌，多米诺制作了大量的木制骨牌，并发明了各种玩法。不久，木制骨牌就迅速在意大利及整个欧洲传播。人们为了感谢多米诺给他们带来这么好的一项运动，就把这种骨牌游戏命名为"多米诺"。

大不列颠哥伦比亚大学物理学家A·怀特海德曾经制作了一组骨牌，共13张。第一张最小，长9.53mm，宽4.76mm，厚1.19mm，如小手指甲大。以后每张体积扩大1.5倍，最大的第13张长61mm，宽30.5mm，厚7.6mm，牌面大小接近于扑克牌，厚度相当于扑克牌的20倍。把这套骨牌按适当间距排好，轻轻推倒第一张，必然会波及到第13张。多米诺骨牌效应的能量是按指数形式增长的，若推倒第一张骨牌要用0.024微焦，倒下的第13张骨牌释放的能量达到51焦耳。第13张骨牌倒下时释放的能量，比第一张牌倒下时整整要扩大20多亿倍。可见多米诺骨牌效应产生的能量令人瞠目。

不过A·怀特海德没有制作第32张骨牌，因为它将高达415m，两倍于纽约帝国大厦。如果真有人制作了这样的一套骨牌，摩天大厦就会被一指之力轰然推倒！

多米诺骨牌实验表明：在一个相互联系的系统中，一个很小的初始能量可能产生一连串的连锁反应。人们把这种反应称为"多米诺骨牌效应"或"多米诺效应"。

多米诺骨牌效应的哲理

多米诺骨牌效应蕴含着丰富的哲理，科学而直观，耐人寻味。

（1）能量逐级放大。骨牌一个接一个倒下，就是一个值到下一个值的过程。每倒下一次，产生的能量是指数级的增长，起点能量小，终点能量无限放大。一件好事或坏事的起因往往起于青萍之末，而最终产生的结果却是让人意想不到的。

（2）量的积累引起质的变化。多米诺骨牌效应告诉我们：一个最小的力量引起的渐变，难以引起人们的察觉和重视。这种"量变"一旦呈几何级数出现，经过一系列的连锁反应，达到某种程度，引发的可能是翻天覆地的变化，即"牵一发而动全身"。这种变化或者是一场革命性的变革，或是一场巨大的灾难。多米诺骨牌效应有点类似于蝴蝶效应，但是比蝴蝶效应更注重过程的发展与变化。

多米诺骨牌效应的实例

案例一：小小游戏引发两国大战

楚国有个边境城邑叫卑梁，那里的姑娘和吴国边境城邑的姑娘同在边境上采桑叶、玩耍。一次，两个姑娘做游戏，吴国的姑娘不小心踩伤了卑梁的姑娘。卑梁人带着受伤的姑娘去责备吴国人，吴国人出言不恭，卑梁人十分恼火，杀死吴国人走了。吴国人去卑梁报复，把那个卑梁人全家都杀了。卑梁的守邑大夫大怒："吴国人怎么敢攻打我的城邑？"于是发兵反击吴国人，把当地的吴国人老幼全都杀死了。

吴王夷昧听到这件事后很生气，派人领兵入侵楚国的边境城邑，攻占卑梁以后才离去。吴国和楚国因此发生了大规模的冲突，吴国公子光又率领军队在鸡父和楚国人交战，打败楚军，俘获了楚军的主帅潘子臣、小帷子以及陈国的大夫夏啮，又接着攻打郢都，俘虏了楚平王的夫人回国。

从做游戏踩伤脚，一直到两国爆发大规模的战争，最终导致吴军攻入郢都，中间一系列的演变过程，就像多米诺骨牌一样，似乎有一种无形的力量把事件一步步地推入不可收拾的境地。

案例二：老太太培育出白色的金盏花

在美国的一个小镇里，住着一位年过6旬的老太太。一天，她在报纸上看到一家园艺所重金悬赏纯白色的金盏花。众所周知，金盏花只有金色和棕色的。老太太笑了："白色的金盏花！有意思，我何不试试呢？"她对家人讲了，遭到丈夫和孩子们的一致反对。老人说："不试试怎么知道我不行呢？"她在花圃里撒下一些金盏花的种子，精心养护，后来，金盏花开了，不出意料，全都是金黄色的。老人挑选了一朵颜色最淡的花，采下它的种子。第二年把种子全都种下去，然后再从所有的花朵中挑选颜色最淡的一朵，做上标记，等到它成熟后，采下新的种子。一年又一年，春种秋收，循环往复，老人从不沮丧怀疑，执着地做着相同的事。儿女们远走了，丈夫去世了，生活中发生了很多的事，老人却依然执着地栽种她的金盏花。

20年过去了。那是一个秋高气爽的早晨，清晨的空气中弥漫着几分花香。老人像往常一样走进花圃，在众多的金盏花中，有一朵特别耀眼，因为它是雪白色的！老人来到雪白的金盏花前，双腿跪下，用有些颤抖的手捧着它，老泪纵横："我就知道会有这么一天的。"

老人拿出20年前珍藏得发黄的报纸，她不知道这则启事是否还有效，在这漫长的岁月里，是否早就有人培育出了纯白色的金盏花。但她还是给那家园艺所寄出了100粒种子，静静地等待着，她知道要用那些种子验证最少要一年的时间。终于，一年后的一天，她接到了园艺所长的电话："我们看到了你培育的金盏花，它是雪白的，但因为年代久远，悬赏已过期，我们不能给你钱，你还有别的什么要求吗？"老太太对着听筒小声说："过期了没关系，我还想问问，你们可还要黑色的金盏花？我能种出来。"

多米诺骨牌效应的启示

多米诺骨牌效应揭示了量变到质变的规律，有益于我们的工作、学习、生活。

（1）关注细微变化。轻轻推倒一张不如小手指甲大的骨牌，竟然能够推倒相当于自身体积262倍的第13张骨牌，而第13张骨牌倒下时释放能量是第一张牌倒下时释放能量的20多亿倍。现实生活中，有许多初始变化都是无足轻重的，而经过一段时间的积聚，就会产生巨变。有些事情最终完成要经历一个世纪或者几个世纪的漫长时间，但其变化已经从很早的时候就开始了。如同第一棵树的砍伐，最后导致了森林的消失；一日的荒废，可能是一生荒废的开始；第一场强权战争的出现，可能是使整个世界文明化为灰烬的力量。这些预言或许有些危言耸听，但在未来，我们可能不得不承认它们的准确性，或许我们惟一难以预见的是从第一块骨牌到最后一块骨牌的传递过程会有多久。人生漫漫，前行中要仔细观察和分析初始的细微的变化。如果是消极的，就要防微杜渐，采取断然措施，避免事态恶化；如果是积极的，就要热情扶持、参与、精心培育，让其开花结果。

（2）贵在坚持。量变到质变是一个渐变的过程，需要时间。社会研究学有个"稻草原理"：往一匹健壮的骏马身上放一根稻草，马毫无反应；再添加一根稻草，马还是丝毫没有感觉；又添加一根……一直往马儿身上添稻草，当最后一根轻飘飘的稻草放到了马背上后，骏马竟不堪重负瘫倒在地。生活也是这样，我们不能指望学习一两本书就成为专家、教授；也不能指望一夜暴发成为富豪、一日创业成为企业家。必须像培育白色金盏花的老太太那样平心静气、持之以恒、心无旁骛，始终固守一份信念、一份执着、一份孤独，坚守这个过程就是一个壮举。

（3）重视发挥主观能动性。在多米诺骨牌试验中，从第二块骨牌开始，依次将每块骨牌的体积增加到1.5倍，骨牌倒下释放的能量就会逐级放大。如果每块骨牌的体积不变，第13块骨牌倒下释放的能量与第一块骨牌倒下的能量将会相差无几。这启发我们，要想发生质变，做任何事情不能简单地重复，必须努力地促进质变。如同打乒乓球，有些人只是为了锻炼身体，每天随便玩一玩，一生无多大长进；有些人把打球作为谋生的职业，全身心地投入，深钻细研，经常总结，水平就会提高。做事业也是这样，如果不发挥主观能动性，不思进取，一天一天地满足于过去，最终只能是平庸一生。

运用多米诺骨牌效应需要注意的问题

（1）循序渐进。第一张骨牌倒下释放的能量将体积是自身1.5倍的第二张骨牌推倒。那么，第二张骨牌体积的极限是多少？大于极限，第一张骨牌倒下释放的能量就难以推倒第二张骨牌。这就要求我们在运用多米诺骨牌效应时要科学预测和评估，凡事有理有节，进退有序，不要因妄自尊大而功败垂成。也不要过分保守，固步自封，裹足不前，丧失和浪费一些难得的机会。

（2）把握时机。内因是变化的根据，外因是变化的条件。在寻求某种改变时，要充分发挥主观能动性，充满欲望，满怀激情，又要考虑到客观实际，把希望和现状有机结合起来，当变则变，当静则静，始终保持清醒头脑，准确把握时机。

17. 分马效应

为什么解决同一问题，结果迥异？答案很多，主要的答案是思路与方法不同。

分马效应的由来

相传古代有一个财主，临终前把三个儿子叫到身边说，家里有17匹马可当遗产分，大儿子分得1/2，二儿子分得1/3，三儿子分得1/9。17匹马的1/2是8匹半，难道要杀掉一匹马分马肉吗？三个儿子百思不得其解，于是请来村里的智伯帮助解决难题。

智伯从自己家里牵来了1匹马凑成18匹，结果大儿子得1/2是9匹，二儿子分1/3是6匹，三儿子分1/9是2匹。9+6+2等于17匹，还剩下1匹，是智伯从自家牵来的，自然又牵了回去。

这是一个深奥的数学原理，如果运用得当，也是一种管理艺术。从中国古代的智伯分马，到现代企业生产经营，再到个人职业生涯发展，都会遇到常规方法无法解决的问题，若是循规蹈矩、按部就班地处理这些问题，十有八九行不通，这时候就需要开动脑筋，用智慧创造科学的方法。方法对头，再棘手的问题也能迎刃而解。否则，简单的事情就会复杂化、小问题就会酿成大隐患。这类用非常规办法智慧地解决非常规问题的方法，概括为分马定律或分马效应。

分马效应的哲理

分马效应阐述了运用非常规办法将问题简单处理的管理方案。

（1）办法总比问题多。在日常工作和生活中常有一些问题，用传统方法解决显得无能为力，但并不是绝对解决不了的问题，只是暂时没有找到合适的路径和办法。只要坚信"天无绝人之路"，善于侧向思维，开动脑筋，用活智慧，独辟蹊径，办法总比问题多。思维方式对于解决问题十分重要，遇到棘手问题的时候，脑子里不要一根筋，不要抱着老模式、老办法不放，思路一变天地宽，方法一变问题便迎刃而解。

（2）智慧是无价之宝。分马故事中的智伯用智慧解决了常人无法解决的分马问题，展示了智慧的价值。据说，犹太人靠智慧经商成为世界第一商人，在别人都说 1+1=2 的时候，他们在思考 1+1>2。他们信奉智慧是永恒的财富，能够引导人通向成功，而且永不会贫穷。在聪颖、精明的犹太人眼里，任何东西都是有价的，都能失而复得，只有智慧才是人生无价的财富。

分马效应的实例

案例一：袁隆平用智慧成就"杂交水稻之父"

20 世纪 60 年代，在中国"绿色革命"大潮中，涌现出一位攻下"杂交水稻"难题的科技新星，这就是被外国人誉为"杂交水稻之父"的袁隆平。

1953 年夏，袁隆平结束了大学农学系的学习生活，到湖南省偏僻的安江农校任教。他始终坚持一边教学，一边科研，教学与科研、生产紧密结合。

1960 年罕见的天灾人祸，带来了严重的粮食饥荒，一个个蜡黄脸色的水肿病患者倒下了……隆平的 5 尺之躯也直接经历了饥饿的痛苦。他没有加入开荒种地的行列，而是努力发挥自己的才智，决心尽快培育出亩产过 800 斤、1 000 斤、2 000 斤的水稻新品种，用农业科学技术战胜饥饿。

杂交水稻是世界难题，袁隆平迈开了双腿，走进了水稻的莽莽绿海，寻找中外资料没报道过的水稻雄性不育株。"功夫不负有心人"，他终于在第 14 天发现了一株雄花花药不开裂、形状奇特的植株。后来，他和妻子邓则又找到了 6 株雄性不育的植株。经过两个春秋的试验和科学数据的分析整理，袁隆平撰写出第一篇重要论文《水稻的雄性不孕性》，这篇重要论文的发表，被一些同行们认为是"吹响了第二次绿色革命"的进军号角。1975 年，袁隆平在湖南省委、省政府的支持下，新品种大面积制种成功，使该项研究成果进入大面积推广阶段。

1975 年冬，国务院作出了迅速扩大试种和大量推广杂交水稻的决定，10 年累计种植杂交水稻面积 12.56 亿亩，增产稻谷 1 000 亿公斤以上，增加总产值 280 亿元，取得了巨大的经济效益和社会效益。

20 世纪 80 年代初期，袁隆平大胆提出了杂交水稻超高产育种的课题，并于 1987 年提出了"杂交水稻育种的战略设想"。2008 年，袁隆平在示范区领衔攻关的超级杂交稻单产突破 900 公斤，这是目前世界杂交水稻的最高产量，而世界上水稻平均产量只有 200 公斤。国际水稻研究所所长、印度前农业部长斯瓦米纳森博士高度评价说："我们把袁隆平先生称为'杂交水稻之父'，因为他的成就不仅是中国的骄傲，也是世界的骄傲，他的成就给人类带来了福音。"

案例二：韦尔奇的"数一数二"

1981年4月，45岁的韦尔奇成为通用电气公司历史上最年轻的董事长和首席执行官。这家有117年历史的公司机构臃肿，等级森严，对市场反应迟钝，在全球竞争中正走下坡路。通用电气的销售额为250亿美元，盈利15亿美元，市场价值在全美上市公司中排名第十。

韦尔奇接任CEO后，没有像一般企业家那样用主要精力抓市场拓展、市场营销和降本增效。第一件事是调整企业发展战略，提出：任何事业部门存在的条件是在市场上"数一数二"，否则就要被整顿、关闭或出售。

为了实现"数一数二"战略，韦尔奇采取了两个步骤：一是按照"三圈"区别对待，二是大规模并购。1982年，韦尔奇首先将比不上别人的中央空调部门以1.35亿美元的价格出售给在空调市场上占领先地位的特灵公司。1984年，又将盈利不稳的犹他国际部分资产以24亿美元的价格卖给了澳大利亚BHP公司。1983年12月，韦尔奇以63亿美元收购了美国无线广播公司。根据市场饱和度，韦尔奇把家用电器业务以3亿美元的价格卖给了在这方面有优势的布拉克·戴科公司。根据企业战略和核心能力，1987年6月，GE与法国汤姆逊电子公司进行了业务交换。GE用它的电视机制造业务换取了汤姆逊电子公司的医疗设备业务。通过这次交易，扩大了GE在欧洲市场上的份额，而汤姆逊公司则拥有了GE的电视机制造业务。1988年9月，GE又以2.06亿美元卖掉了自己的半导体业务，把航天业务以30亿美元卖给了马丁·玛丽埃塔公司。通过一系列的战略调整，GE焕发了生机与活力，各项业务都处于市场领先地位，成为世界顶级公司。韦尔奇初掌通用时，仅有照明、发动机和电力3个事业部保持领先地位。如今已有12个事业部在其各自的市场上数一数二，若单独排名，有9个事业部能入选《财富》500强。早在1999年，通用电气就实现了1110亿美元的销售收入（世界第五）和107亿美元的盈利（全球第一），市值已位居世界第二。

韦尔奇在战略上大胆瘦身，精干主业，做强主业，在管理上也是尽显智慧、与众不同，提出的50条管理智慧和管理24戒律，颇具新意，颠覆了传统的管理理念，让人耳目一新。

分马效应的启示

分马效应启发我们，要善于智慧地思考和解决问题。

（1）要成为智者。智慧是意识的最高层面和最高成果，是人生的百宝箱，是解决疑难问题、取得成功的金钥匙，也是任何人抢不走的。只要你活着，就永远跟随着你、帮助你。智慧是知识、理论、实践有机结合的产物,是知识、理论在人们头脑中的升华,是人们在解决问题时闪烁出来的超常火花。犹太人并不是天生就聪明,但他们更懂得怎样去铸造这枚无价的金币。我们的管理者也要像犹太人那样,引导员工将获得的知识,经过思考与运用转化成为智慧,培育出一大批智能型员工。

(2)学会智慧做事。在市场经济条件下,新形势、新任务、新环境、新问题常常向我们挑战,用老观念按部就班地解决问题,往往无济于事。智慧做事的核心是一个"新"字。求新、创新是智慧做事的重要体现,也是智慧的积累过程。人类正在进入"智慧经济"时代,其最主要的内涵就是创新,它是一种智能资本,通过创新才可以解决新问题、打开新局面、创造新财富、获取新智慧。

运用分马效应需要注意的问题

(1)用对智慧。提倡智慧做事,是要为企业成长与发展用尽智慧,为改善员工的物质生活条件用尽智慧。如果用小聪明、小智慧打自己的小九九,损害企业利益和员工利益,是不道德的,甚至是违法的,结果必然是聪明反被聪明误。

(2)学会反思。俗话说,智者千虑,必有一失。由于受各种条件的制约,有时智慧地做事也可能失误。需要在做事后"回头看",评估做事的成效,及时总结经验教训,特别是要认真发现、分析和纠正存在的问题,确保做事的质量,提高做事的水平。

18. 刺猬效应

深刻思想的本质是简单。解决问题，最需要的不是复杂，而是简单。

刺猬效应的由来

刺猬效应来自古希腊的一则寓言故事：刺猬与狐狸的博弈。

狐狸知道很多事情，刺猬只知道一件大事。狐狸是一种狡猾的动物，能够设计无数复杂的策略，偷偷地向刺猬发动进攻。狐狸行动迅速，皮毛光滑，脚步飞快，阴险狡猾，看上去准是赢家。而刺猬则毫不起眼，走起路来一摇一摆，整天四处寻觅食物和照料它的家。

狐狸在小路的岔口不动声色地等待着。刺猬只想着自己的事情，一不留神转到狐狸所在的小道上。

"啊，我抓住你啦！"狐狸暗自想着。它向前扑去，跳过路面，如闪电般迅速。小刺猬意识到了危险，立刻缩成一个圆球，浑身的尖刺，指向四面八方。狐狸看见了它的尖刺，只好停止了进攻。刺猬和狐狸之间的这种战斗每天都在发生，尽管狐狸比刺猬聪明，但屡战屡胜的总是刺猬。

狐狸是一种复杂的动物，思维凌乱扩散，将问题习惯性地复杂化。刺猬是一种简单的动物，把复杂的事件简化成单个有组织性的行为。其实，深刻思想的本质是简单。管理学把这种"以简单应对复杂"的管理方式称之为"刺猬效应"。

刺猬效应的哲理

（1）简单是本质。解决问题，最需要的不是复杂的技术，而是简单的立场。只有回归原点，才能看清本质，不会被复杂现象蒙蔽和牵引，不会无形中用手段代替目标，而忽略最简单的方法。智慧的，本质的，都是最简单的。人类社会的发展，越是现代化就越是简单化。计算机刚开始的时候是个庞然大物，只有专业人员才能操作使用，现在的计算机用视窗系统了，稍一接触就可以基本应用。感觉计算机越来越简单了，那是因为计算机里面的东西越来越复杂。机器设备如此，人更是如此。越是聪明越是有学问的人办事越简单，越是好与之相处，越善于用简单的方法解决复杂的问题。

（2）简单是一种美。问题的简单化代表思想的进步。书越读越薄就是这个道理。生活中一些事原本是很简单的，只是有些人为了显示学问，才把问题弄复杂了。生活原本是简单的，体会简单，享受简单就可以了。

（3）简单是一种境界。表面上看，简单似乎是低水平、低智商的代名词，其实简单是认识的升华，是一种智慧。就像阿甘一样，总可以凭借其"智商低"的优势，创造出一些常人不可企及的奇迹。

刺猬效应的实例

案例：空肥皂盒的剥离法

联合利华是世界最大的食品和饮料公司之一，也是全球第二大的洗涤用品、洁肤产品和护发产品生产商。一次，联合利华引进了一条香皂包装生产线，发现这条生产线存在缺陷：常常有盒子里没装入香皂。他们请了一位学自动化的博士后来解决这个问题。博士后组织了十几人的科研攻关小组，综合采用机械、微电子、自动化、X射线探测等技术，花了几十万元，成功地解决了问题。每当生产线上出现空香皂盒，两旁的探测器会检测到，并且驱动一只机械手把空皂盒推走。

我国南方有个乡镇企业也买了同样的生产线，老板发现这个问题后大发脾气，对一个小工说："你给我把这个搞定"。小工想出了办法。他在生产线旁边放了台电风扇，空皂盒都被风吹走了。

刺猬效应的启示

把复杂的事情简单化，是刺猬效应的一个基本原则或基本理念。对于我们处理问题具有很好的借鉴意义。

（1）用刺猬理念规划设计自己的事业。每个人都在憧憬自己的未来，却苦于没有机会或没有能力，冥思苦想而不得要领。其实，把问题想得简单一些，设计出三个"环"，围绕三环给自己定位，或可收到心想事成的效果。第一，你是否能够在某个方面成为最优秀的？第二，什么是驱动你努力的引擎？也就是你的追求是什么？第三，你对什么充满兴趣和热情？按照这三个条件绘出相交的三环图。图中重叠的部分，把它变成简单明确的概念，用来指导你的事业选择，你就可以去做你想做的事。

（2）用刺猬理念解决问题、做好工作。最美的艺术品总是最简单的，最有分量的文章是最薄的。把复杂的问题做简单需要智慧，工作千头万绪，要求我们凡事找规律，去伪存真，去粗取精，真正掌握问题的本质，以效率和效果为出发点，力求用简单、实用的方式解决问题。倘若把简单的事情搞复杂，很多问题将会难以解决。如今，基于企业不断发展的需要，管理者不能事必躬亲，而要想收获成功，最好的方法是让管理回归简单，与其指挥千人，不如指挥百人；与其指挥百人，不如指挥十人。跳出具体事务，做到人尽其才，才尽其用，才能三军用命，成就大事。

运用刺猬效应需要注意的问题

刺猬效应力求凡事简单，但要做到简单并获得成功，需要潜心历练。

（1）尊重科学。简单体现出的工作魄力和技能，是建立在尊重科学、实事求是的基础上的，而不是不假思索、不顾客观的盲干蛮干。树立严谨的科学态度，简单才能变成力量。

（2）提高技能。复杂容易简单难。简单实用的工作方法，是一个管理者能力的体现和展示。积极实践，加强学习和锻炼，经常总结，积累经验教训，形成技能和智慧，就能洞若观火，找到穿越曲径的捷道。

19. 智懒效应

用脑子做事，富有智慧的"懒惰"比缺少智慧的"勤奋"更有效率。

智懒效应的由来

享誉欧洲的项目管理大师弗格斯·奥康奈尔最擅长的就是在规定的时间内高效地完成工作。弗格斯撰写的著作《简单是金》，以自己的聪明和经验告诉人们：在我们的工作和生活中，最艰难的问题往往有最简单的解决方式。把复杂的管理科学化解成简单的生活常识，可以使我们的工作、生活变得简单而有序。

书中有这样一个小问题：如果你必须写一份报告交给客户，其中很重要的一部分必须由你的老板负责撰写，而他却一直拖延，似乎非常不情愿做这件事情，你会怎么做呢？

选项有四个：a) 等待；b) 全权代劳；c) 把报告写成填空的形式，和老板讨论一遍，把所有的空格填上之后，把报告交给客户；d) 把自己的那部分交给客户。

在这四个选项中，a、b 和 d 采取了行动上的不主动，躲避了和老板的沟通，造成了交流的懒惰和工作的不畅。c 项也是一种"偷懒"的方式，采用了填空这种巧妙的形式，回避了和老板的正面冲突，用智慧上的勤劳精彩地完成了工作，又减轻了精神上的压力。这种富有智慧的懒，就是《简单是金》一书中推荐的"KISS"原则，即（KeepIt Simple, Stupid）"智懒"效应。

智懒效应的哲理

"智懒"是一种智慧的懒惰，是通过高水平的做事效率，达到事半功倍效果的一种工作状态。

（1）"智懒"强调智慧做事。有时，人们难免会陷入一大堆工作的"桎梏"中，而要挣脱桎梏，不一定要辛辛苦苦地忙碌，可以巧妙地偷偷懒，细细地寻找捷径，事情会变得简单而又轻松。

（2）"智懒"是身懒心不懒。一些有心人为了少干活、少出力，又多出成果，开动脑筋，小改小革，发明和创新一些新技术、新产品，工作效率成几何级数提高，这样的懒值得称道。其实，充满智慧的"懒惰"比缺少智慧的"勤奋"更有效率和效益，更能够促进事业的发展，也更能够提升一个人的素质和品位。

（3）"智懒"要的是结果。评估业绩的最终标准是结果。初看起来，"智慧懒汉"似乎没出力、没流汗，不是踏踏实实的"老黄牛"，但最终取得的成果往往比"老黄牛"还好。所以，做事不能以出力多少衡量，要重结果。

（4）"智懒"要有目标。如果你想做"智慧懒汉"，首先要明确目标。有了目标，就要消除种种顾虑，直奔主题，用最有效的方法，开展攻关，解决难题，实现目标。这就是"KISS"原则的高明之处。

（5）"智懒"是一种能力。"智慧懒汉"的工作中充满智慧和艺术。看起来，"智慧懒汉"不像某些"勤快人"那样分身乏术、心有余而力不足，却将整天忙忙碌碌的工作变得有张有弛，显得轻松从容。这是能力的展示，体现出更高的人生价值。

智懒效应的实例

案例：北京"懒人"张永江

过去，城市的路边常常摆放80厘米高的铁质垃圾桶。为了延长垃圾筒的使用寿命，需要工人定期将这些大家伙内的铁锈清除干净。工人要把大半个身子探进去，置身于垃圾筒中间，要闻那刺鼻的恶臭。然而有一个"懒人"突破了这种传统的清除铁锈的方式，他就是北京的张永江。

张永江是一名新时代的"懒人"，他决定发明一台机器来完成这项工作。只有小学六年级文化的张永江，花了近十年的时间制造出第一辆垃圾筒除锈机。不仅让环卫工人脱离了恶劣的工作环境，工作效率也由原来的一天只能清除一个垃圾筒上升到一小时清除十几个。

而后，他又研制了一系列产品：道路清扫车、扫雪车、护栏清扫车。现在，这些"懒人"的车辆骄傲地运行在北京的大街上。

智懒效应的启示

"智懒"效应启发我们：光会"死脑筋"的实干不可取，凡事要认真学习和钻研，学会智慧地做人，智慧地做事。

（1）辩证地看待"勤"与"懒"。俗话说："业精于勤，荒于嬉。"然而在现实中，有些"勤"未必好，有些"懒"未必不好。在教育实践中，有些勤奋敬业的教师，为了孩子的前程，想方设法向学生压任务、加作业。可老师们的勤奋不但没能给学生树立一个榜样，相反让他们变得更有依赖性！再看看那些"智慧懒汉"老师，在课堂上几乎不给学生任何一个现成的答案，学生在他们的循循善诱之下，变得越来越自觉、越来越主动，能力一天更比一天强。老师的"懒惰"成就了他们的"勤奋"。我们应该于该"勤奋"时勤奋，该"偷懒"处偷懒，用"巧力"成就事业。

（2）当"懒汉"需要"稳"。在向"成功"攀登的过程中，越接近成功，越需要会休息，越要积攒力量去面对下一步的挑战。某些时候的"消极进取"，会为你预留更多的选择余地，甚至准备好了下一次起飞的平台！以静制动，以逸待劳，这就是懒的艺术。

（3）学会"简单"。《简单是金》告诉那些为工作而忙碌的聪明人，一些显而易见的共识，可以让你更为聪明。要记得，最好的方法并不总是复杂的。简单的方法可能会更加适宜，也更容易实施和操作。

运用智懒效应需要注意的问题

"智懒"效应不是不思进取，无所事事，坐享其成，而是勤于思考，以智取胜，以巧代劳，是更高层次的"勤"。"智慧懒汉"的高明之处是巧干。巧干不仅需要体力，更需要智力，具有良好的专业技能和旺盛的创新欲望。管理者不仅要用好现有的人力资源，更要进一步开发人力资源，开展深层次的技能培训，引导员工超越自我，在岗位上不断有所反思，有所发现，有所创新，成为新时期知识型、创新型的员工，让工作更轻松，更有效。

20. 瓶颈效应

事物总是伴随着一个个瓶颈的突破而发展的。

瓶颈效应的由来

瓶颈效应比喻在某项工作或某项事业、事件中的关键限制因素、敏感点或薄弱环节，是最难突破的地方，也是最需要突破的地方。有则寓言这样描述瓶颈效应：一只小螃蟹在玻璃瓶里长大了，它想要往上爬，但瓶子的颈部却将其卡住，这只螃蟹花费了很大力气才摆脱"瓶颈效应"，走向更广阔的世界。

比如，科学技术领域各个学科的发展总是不平衡的，那些发展缓慢的部分就像"瓶颈"，阻碍着科技的整体水平的提升。瓶颈问题解决了，科学技术就向前迈进了一步。旧的瓶颈被突破以后，原先处于"第二薄弱"的部分就成了新的瓶颈。科学技术的发展过程就是不断解决瓶颈问题的过程。

瓶颈效应的哲理

瓶颈效应充分体现了哲学上的主要矛盾方面和主要矛盾原理。

瓶颈效应是前进中的问题。瓶颈效应是发展中遇到的主要矛盾，不发展就没有瓶颈。政府、企业与个人在发展、成长的过程中常常会出现一个又一个的瓶颈。主要矛盾解决了，原来的次要矛盾上升为主要矛盾，也就是新的瓶颈。事物是伴随着一个个瓶颈问题的解决而不断发展的。

瓶颈效应是客观存在的。瓶颈在社会各个领域无所不在，大到国计民生、地区发展，中到企业战略、成本控制、营销业绩、技术开发、部门管理，小到个人生活、学习、事业、感情的各个方面，都可能遇到不同的瓶颈。每个人的成长经历不同，思维方式不同，设定目标不同，心理承受能力不同，瓶颈期也就不同。

瓶颈效应的实例

案例：突破瓶颈效益高

福州市有一家运动鞋代工制造公司，客户大多来自欧美市场，国际贸易比重较大。受美元贬值和国内原材料价格上涨因素的影响，公司生意一度欠佳。

如何开拓市场、突破企业的贸易瓶颈成为公司面临的巨大考验。总经理张建设曾尝试购买搜索引擎关键词、投放网络广告等多种方式，但收效甚微。

2008年底，福建外贸平台以较低的成本、强大的后台信息支撑和优质的服务吸引了张经理。公司加入了福建外贸平台后，外贸生意又重新红红火火地开展起来，来自国外的订单陡然多了，公司在当地同行中开始小有名气。

谈及这一过程，张建设深有感触地说："在互联网经济的浪潮之中，像福建外贸平台这样的电子商务平台，一定会帮助致力于开拓国际市场的企业抢占先机、创造奇迹。"

瓶颈效应的启示

瓶颈是前进中的拦路虎，只要你不打退堂鼓，用心且认真地去做，总能突破"瓶颈"，出现新的飞跃。

（1）先突破心理上的瓶颈。瓶颈现象在社会生活中是广泛存在的，事业和生活中的瓶颈并不可怕，可怕的是心理上的瓶颈，冲不出自己心中的瓶颈，就难以找到现实中的出口。因此，首先要突破自己的心理瓶颈，要认识到瓶颈的客观存在，以乐观的心态看待瓶颈，积极面对和解决各种问题。

（2）找准瓶颈的关键点和突破口。出现瓶颈现象，要以积极进取的心态，认真分析、研究瓶颈，认清瓶颈的性质，找准关键点和突破口，找到突破瓶颈的有效途径。即使困难再大，每天攻克一点点，"积少成多"，突破瓶颈也只是时间问题。就个人职业生涯来看，瓶颈的来源有几个方面：自身的能力有限、公司大环境的影响或自身的心理因素的影响。要想突破瓶颈，应该重新定位自己，寻找适合自己的位置，或者停下手头工作去"充电"。如果公司的文化氛围、人际关系、用人制度、薪酬待遇，导致自己的职业生涯很难得到进一步的发展，选择跳槽可能是最好的方式。有时候产生一些不良情绪，可以换个环境，这样既有新鲜感，又有工作激情。

（3）制定并实施切实可行的对策。要认清瓶颈本质，找出造成瓶颈的因素，才能研究和制定突破瓶颈的具体措施，就像医生找到了病原，然后才能对症下药开出药方，治病救人。比如珠三角的经济模式，以前是以加工经济为主，随着多年经济发展，这种落后的低附加值、低技术含量加工模式已经衰退，不再占据主导地位。而对于相对落后的内地，这种经济形式仍然有一定价值，所以从东部沿海发达地区向内陆转移到中西部地区是企业生存之道，也为珠三角新经济形势留出空间，比如引进高科技、高投入产出的大工业，这样就能突破瓶颈，创造一片新天地。

突破瓶颈效应需要注意的问题

（1）因人而异，因事而异。不同人在不同职业生涯中面对的瓶颈不一。高层管理人员职位提升到了一定高度后很难再上升，自身也失去了斗志，业务成熟了，工作方法思维都定型了；中层管理人员职位提升后，能力能得到一定发挥，成为某个方面的专家，但也可能面临中层危机，再往上提升困难重重，转型又需要重新开始进入陌生领域；普通员工也会有个人的瓶颈，由于年龄、性别、知识技能限制、职业倦怠等原因，事业难有成就。要找到不同人不同瓶颈产生的原因，具体问题具体分析，找出突破瓶颈的方法。

（2）瓶颈是压力也是动力，只有突破了瓶颈才能继续向前走上更高的阶层，否则就会永远跳不出瓶颈这个高度。但是也要强调一点，如果这个瓶颈是系统瓶颈，这时候瓶颈实际是一种约束，那从属于系统的个体就不能去突破，个体无法改变系统，只能去服从适应瓶颈，比如国家有关政策，你不能违反，你只能尽量贴近、最大限度利用它，这时强行突破就是一种自毁行为。

（3）坚信"竞者生存"，事业永不止步。职场上存在适者生存与竞者生存两种不同的生存理念。"适者生存"是静态的观点，而"竞者生存"却是所有想自我发展、自我实现的人们的思想。一字之差，常常使很多本来非常优秀的精英人才遇到职场瓶颈。我们要保持一颗进取心。只有进取心才会帮你战胜职场瓶颈。"只有对自己不断地提要求的人，才有资格对社会提要求。"

21. 标杆效应

正面榜样的力量是无穷的，反面典型的危害是巨大的。

标杆效应的由来

标杆原是测量工具，后来逐步衍生为值得他人学习和效仿榜样的代名词。

标杆效应体现在政治、经济、社会生活等各个方面，既有正面榜样带动作用，也有反面典型的影响和传染作用。

标杆效应在企业中重点体现于标杆管理。

标杆管理是发达国家企业管理活动中支持企业不断改进和获得竞争优势的重要管理方式之一，又称基准管理。西方管理学界将其与企业再造、战略联盟一起并称为 20 世纪 90 年代的三大管理方法。

标杆管理起源于 20 世纪 70 年代末 80 年代初。当时，日本产品以高品质、低成本的优势进入市场，美国的一些公司逐渐丧失了竞争力，便设想以其为标杆，学习、借鉴日本企业的成功经验，重振雄风。首开标杆管理先河的是施乐公司。曾居世界复印机市场垄断地位的美国施乐公司，1976 年以来遭到来自国内外、尤其是日本竞争者的全方位挑战。日本的佳能、NEC 等公司以施乐公司的成本价销售产品并获利，同时产品开发周期缩短 50%，开发人员减少 50%，使施乐公司的市场份额从 82% 锐减至 35%。面对竞争者的威胁，施乐公司于 1979 年开展广泛而深入的标杆管理，开始向日本企业学习，通过对比分析寻找问题的症结和差距，采取相应措施，调整战略和经营策略并重组流程，取得了优异业绩，把失去的市场份额重新夺了回来。

随后，西方企业开始把标杆管理法作为获得竞争优势的重要思想和管理工具。摩托罗拉、IBM、杜邦、通用等公司纷纷仿效施乐公司采用标杆管理法，在全球范围内寻找行业内外管理实践最好的公司进行标杆比较，努力超越标杆企业，成功地获取了竞争优势。标杆管理法已经在战略制定、库存控制、质量管理、市场营销、成本控制、人力资源管理和新产品开发等方面得到了广泛的应用，并不断拓宽新的应用领域。据美国的一项研究表明，世界 500 强企业中有近

90%的企业在日常管理活动中应用了标杆管理法，其中包括 AT&T、Kodak、Ford、IBM、Xerox 等。

1985年，美国生产力与品质中心对标杆管理模式进行研究和整理，使之进一步系统化和规范化，提出标杆管理的定义：标杆管理是一个系统的、持续性的评估过程，通过不断地将企业流程与世界居领导地位的企业相比较，以获得帮助企业改善经营绩效的信息。

概括地说，标杆管理法是企业将自己的产品、服务、生产流程与管理模式等与同行业内或行业外的领袖型企业作比较，借鉴与学习他人的先进经验，改善自身不足，从而提高竞争力，追赶或超越标杆企业的一种良性循环的管理方法。通过学习，企业重新思考和改进经营管理实践，创造属于自己的最佳实践模式，这实际上是模仿、学习和创新的过程。

标杆效应的哲理

标杆管理法蕴含着科学管理规律的深刻内涵，较好地体现了知识经济时代现代管理中追求竞争优势的本质特性，具有很大的实用性和广泛的适应性。

（1）榜样的力量是无穷的。标杆效应具有放大优势，是一种拓展视野、激发创新的管理工具，便于企业找到解决问题的途径，缩小与领先者的距离。企业内部评选"标杆集体"、"标杆个人"，不仅激励了标杆集体和标杆个人，更重要的是树立了学习榜样，明确了赶超标准，营造了进取、开拓、创新的文化氛围，掀起比、学、赶、帮、超的热潮，带动一大批单位和个人的成长与进步。

（2）比较产生动力。标杆效应重点体现在三个字："比、学、创"。"比"，就是研究同行一流公司，与本企业进行比较、分析、判断，比出不足，找出差距，认清自我，方能知耻而后勇；"学"，就是评价、分析那些领先企业绩效的形成原因，模仿和复制领先企业的成功经验，制定可持续发展的关键业绩标准及绩效提升的最优策略。正如一些专家所说："学习力是企业和个人生命力"；"创"，就是企业以超越自我、超越竞争对手为目的，在学习、效仿的基础上，进行本土化改造，重新思考和设计经营模式，创造适合自己的全新最佳经营模式，创造自己的最佳经营实践，成为市场竞争中的佼佼者。标杆效应揭示了"比较才知不足，学习才能生存，创新才能发展"的深刻哲理。

标杆管理法的类型

标杆管理大体分为四类，企业应该正确评价资源条件和竞争环境，确定适合自己需要的管理方式。

（1）内部标杆管理法。辨别企业内部最佳职能、流程及实践，确立标杆管理的主要目标，推广到组织的各个部门，实行信息共享，这是提高绩效的便捷方法，也是最简单且易操作的标杆管理法之一。

（2）竞争标杆管理法。是以业内竞争对象为基准的标杆管理法，目标是与有着相同市场的企业在产品、服务和工作流程等方面的绩效与实践进行比较，直接面对竞争者。难度在于竞争对手的信息不易获得。

（3）职能标杆管理法。是以行业领先者或某些企业的优秀职能操作为基准进行的标杆管理法，因标杆的基准是非竞争性外部企业及其职能或业务实践，合作双方能相互分享一些技术和市场信息。

（4）流程标杆管理法。是以最佳工作流程为基准进行的标杆管理法，可以跨行业进行。因没有直接的利益冲突，易于在共性的管理中互补受益。

标杆效应的作用

（1）标杆管理法是一种战略管理工具。通过与竞争对手对比分析，企业可以明确本企业所处的地位，制定中长期发展战略，选择相应的策略与措施，超越竞争者。

（2）标杆管理法是一种绩效管理工具。通过辨别行业内外最佳企业业绩及其实践途径，可以设定经营和工作目标，制定业绩评估标准，通过对企业产品、服务及工作流程进行系统、严格的检验和考核，改进和提高企业的经营业绩。

（3）标杆管理法有助于建立学习型组织。企业以标杆为榜样，认真学习，克服不足，打造一个能熟练地创造、获取和传递知识、善于修正自身行为的学习型组织，形成持续学习的文化氛围。

（4）标杆管理法是企业增长潜力的工具。标杆管理将注意力集中于寻求增长的内在潜力，将各种措施和方法理论化，有助于企业的长远发展。

（5）标杆管理法是企业实行全面质量管理的工具。标杆管理法是全面质量管理活动的主要内容。一个企业要想知道其他企业为什么做得比自己好，就要遵循标杆管理法的概念和方法，吸取先进经验，借鉴先进方法，取长补短，完善自我。

标杆效应的实例

案例：中海油实施标杆管理

中国海洋石油公司2001年开始实施标杆管理，将各项经济技术指标详细分解，并对应5家海外石油公司进行比较。这是中国大型企业第一次进行大规模的标杆管理。

中国海洋石油总公司在世界石油公司中排在50名左右。本次对标的主要企业是名列世界第14位的挪威石油公司。中海油的分析人员把与竞争力有关的指标分解成公司规模、持续盈利能力、发展能力、经营管理水平、国际化程度和抗风险能力六个方面，经过六个大项十八个子项的——对照，中海油除了销售净利率一项指标占优势之外，其他各项指标都处在下风。其中，挪威石油与中海油的资产规模之比是4:1，年产量之比也是4:1，营业收入之比是7:1，国际化程度之比是11:1。另外，在研发费用占总收入比重这项指标上，挪威石油是中海油的3.5倍。

对标之后，中海油发生的实质性变化体现在观念上，和国际上的中小石油公司比，中海油在一些指标上是非常有竞争力的，但现在把它与一个大的国际石油公司相对比，一下子就看出了差距。2001年2月，中海油刚刚上市成功就在大堂内树起电子屏幕，让每个员工随时了解中海油和国内主要对手在股市上的表现，现在这块屏幕上又多了挪威国家石油公司的股价走势。中海油看重的是通过比较找到的差距，因为差距就是学习标杆，差距就是努力方向，这是企业标杆管理的最大收获。

标杆效应的启示

标杆效应是指一个组织瞄准一个绩效更高的组织进行比较，进行组织创新和流程再造，以期超越自我，超越标杆。运用标杆效应，重在选择标杆、用好工具和创建学习型组织。

（1）选择标杆，向前看齐，超越自我，超越标杆。企业选择业绩更高的兄弟企业作为标杆，从发展战略、人才使用、财务控制、劳动组织、市场运作、企业文化等方面，全面分析、学习和消化标杆企业的先进经验，准确找出自身的差距和不足，制定切实可行的赶超措施，能复制的就复制，可借鉴的就借鉴，该创新的就创新，应提升的就提升，不断实现企业的自我完善、自我超越，力求尽快地赶上和超过标杆企业。

（2）用好工具，确立标准，强化评估，自我提升。标杆管理可以作为企业业绩提升与业绩评估的工具。参照标杆企业的先进指标，设定企业经营管理的可达目标，定期对经营绩效进行评估，明确本企业在行业所处的位置，找准需要改进的问题，制定相应的改善措施，改进和提高企业的经营业绩。

（3）创建学习型组织。标杆企业的共同特点是会学习、善应变、敢创新，知识经济时代，任何经验和知识也像牛奶、面包一样有保质期，常总结、常学习才能常新常鲜，为企业发展增添源源不断的动力。企业运用标杆效应，应该坚持学习、学习、再学习，反思、反思、再反思，提升、提升、再提升，把企业创建成能够积极应对变化的学习型组织。

运用标杆效应需要注意的问题

（1）选准标杆。标杆具有两面性。好的形象可以产生正面的放大作用；反面形象势必产生负面的放大作用。比如，某地领导干部建设豪宅，拉大与普通百姓的心理距离。其他地方的领导干部听说后，不但不反感，反而羡慕，还登门取经，一度造成豪宅成风。大量事实告诉我们，选择标杆要坚持正气，抵制歪风，切实选择值得学习的对象，不可逆潮流而动。

（2）选准内容。瓜无滚圆，人无十全。再先进的单位和个人都有不足。学习标杆是学其所长，而不是长短都学。要分清真伪，取其精华，剔出糟粕，切忌青红皂白不分，囫囵吞枣。

（3）选准位置。选择标杆时要给自己准确定位，按照"甘当第二，勇争第一"的思路，选择比自己先进又比较接近的单位或个人作为标杆。通过一段时间的努力，超过原来的标杆，再选择一个另外的单位或个人作为标杆。这样一个一个地赶超，如同在公路上超越一个个里程碑，会让人满怀信心，最终成为第一。

22. 树根效应

将企业比作一棵大树，学习力、文化力就是这颗大树的生命之根。

树根效应的由来

树根不显山、不露水，却对树干和树冠具有强大的支撑作用，根深则叶茂，根烂则树枯。

在企业管理中我们将树根的这种作用引伸到文化力、学习力、核心竞争力中去，归纳出了树根效应。企业好比一棵大树，学习力、文化力就是企业这颗大树的生命之根。

树根效应的哲理

"根深叶茂，根烂树枯"。树有根，人和企业也有"根"。这个根就是基本功、综合素质和专业特长。经常会出现这样情况：同样环境、同样条件，有的人一路顺风、平步青云；有的人一生坎坷、昙花一现或默默无闻。对这些表象，不知情者会感叹"命运"不济，而睿智者明白，这是"根"扎的不牢，日积月累，差距就显现出来了。同样经营企业，有的如日中天却突然夭折，有些企业屡创神奇、朴实无华，却保持着良好的成长性。有人比喻这类企业属"松柏型企业"，基业长青。其实就是"根深叶茂，根烂树枯"的道理。

对于个人而言，根就是信念、毅力、能力、品德；对于企业而言，根就是文化力、核心竞争力。归根结底，根是学习力，是对新事物的接受力、对新知识的消化吸收力，是对客观规律和经验教训的感悟力，也是对内外部智慧资源的聚合力和应用力。教育心理学有句经典名言："播下一种思想，收获一种行为；播下一种行为，收获一种习惯；播下一种习惯，收获一种性格；播下一种性格，收获一种命运。"总之，文化决定命运。

树根效应的实例

案例：宝钢先做乘法后做减法

宝钢是我国钢铁企业的龙头老大，以现代化程度高、用工少、效益好闻名于全国。20世纪90年代末，宝钢着手创建学习型组织，着力提升企业和员工的学习力、竞争力，实现了"先做乘法后做减法"的用工制度改革。

宝钢重视创建学习型组织，将300名中层干部分成五批进行封闭式培训，让他们把学到的东西传授给基层员工，带来员工观念和技能的全面提升。宝钢电厂与其他电厂一样由机、电、炉3部分组成，宝钢电厂花了3年半的时间组织员工分别学习另外两种技术，让一个人可以做3种不同的事情，考核合格者可以上岗。宝钢电厂原有机、电、炉3个组，每班共30人左右。通过培训，每班只剩13个人。比世界先进水平的日本君津钢厂还少一个人。

宝钢集团推广先做乘法后做减法的管理模式，大大精简岗位定员。年产670万吨钢时定员是4万人，年产1100万吨钢时员工却只有1.75万人。

树根效应的启示

培育好自己的"根"，这是树根效应给我们最大的启示。

（1）强根固本，提升学习力、文化力。树根效应告诉我们，评价一个企业在本质上是否有竞争力，不是看这个企业取得了多少成果，而是要看这个企业有多强的学习力，有多么卓越的企业文化。这就像我们观察一棵大树的生长情况一样，无论有多么美的外表，如果大树的根已经烂掉，眼前的美景很快就会烟消云散。一个企业短暂的辉煌并不能说明其有足以制胜的竞争力，学习力、文化力才是企业的生命之根。企业一定要精心培植自己的根，让自己的根越扎越深、越长越粗壮，在以后可能遭遇的种种风雨中傲然挺立。

（2）强根固本要靠长期培育。强大的学习力、文化力从何而来？来源于长期的培育和积累。一些企业在创业初期就未雨绸缪，坚持同步创建学习型组织，打造有特色的先进文化，使企业发展和成长有了坚实的根基，进而一步一步地做大做强，保持了基业长青。一些企业顺利时只顾经营，面临困境才着手学习力和文化力的培育，却为时已晚。作为有远见的管理者，应该把学习力、文化力的培育作为企业战略管理的第一要务，自始至终地抓紧抓好。

运用树根效应需要注意的问题

根据国内外企业的实践经验和教训，创建学习型组织、特别是培育和建设企业文化需要消除一些误区：

（1）速成论。简单地将 CI 等同于企业文化，把 CI 当作灵丹妙药，一旦导入，就万事大吉。速成论看重企业文化的表象，忽略了企业文化建设的内涵和长期性，不重视对企业文化精髓——价值观的提升和塑造。

（2）口号论。认为企业文化就是给企业贴几个标签，编几条朗朗上口、具有煽动性的口号，口号动人，却没有扎扎实实地贯彻和落实工作，这样的企业文化不过是虚有其表。

（3）传统论。认为企业发扬自身的优良传统就够了，没有必要"赶时髦"，对企业文化不学习、不认识、不研究，也不结合当代人的心理对传统进行改造、创新和提升，难以适应形势变化。

（4）复制论。忽视企业文化的个性化，盲目抄袭，简单照搬，企业文化缺乏鲜明的个性特色和独特的风格。其实，适合自己的才是最好的。

（5）政工论。用思想政治工作代替企业文化，缩小了企业文化的范围，忽视了物质文化、制度文化建设。

（6）领导论。领导把自己的思想、理念强加于企业，无视员工的参与权，而员工认为企业文化是领导的事情，领导说是什么就是什么。

（7）娱乐论。认为企业文化就是跳跳舞、唱唱歌、打打球，把业余文化生活等同于企业文化。

23. 观赏驼效应

才尽其用，为员工搭建充分施展才智的舞台。

观赏驼效应的由来

在动物园里，一峰小骆驼和它的妈妈有一段有趣的对话：

"妈妈，为什么我们的睫毛那么长？"

"当风沙袭来的时候，长长的睫毛可以让我们在风暴中能看得到方向。"

"妈妈，为什么我们的背那么驼？丑死了！"

"这叫驼峰，可以帮我们储存大量的水和养分，让我们能在沙漠里经受十几天无水无食的跋涉。"

"妈妈，为什么我们的脚掌那么厚？"

"那可以让我们重重的身子不至于陷在软软的沙子里，便于行走啊。"

小骆驼高兴坏了："哇，原来我们这么有用啊！可是妈妈，为什么我们还在动物园里，不去沙漠远足呢？"

这则童话告诉我们：骆驼身有异能却无处施展。在动物园里虽可供人欣赏，却白白浪费了一身的好本领，成为"花瓶"。

在企业，也不乏有各种专长的员工，可惜有些管理者不能慧眼识珠、知人善任，更没有搭建施展才智的舞台，使这些员工哀叹"英雄无用武之地"。这就是"观赏驼效应"。

观赏骆驼效应的主要表现

当今社会，人才资源开发利用方面不同程度地体现着观赏驼效应，主要表现在两个方面：

（1）图虚名，人才高消费。有些企业和学校为了增加自身的知名度，树立品牌形象，盲目引进一些硕士生、博士生，造成人事不符。本来由中专生、本科生能够胜任的工作，让硕士生、博士生做。本以为这样就能够提高工作效率，其实不然。硕士生、博士生做中专生、本科生的事情，虽然拿钱不少，却感到才不受用，与自身价值不符，不够"安分"，工作效率未必高。一旦条件成熟，他们十有八九选择跳槽，给单位造成的损伤是巨大的。

（2）唯文凭，轻能力。不少企业和学校视文凭为水平，视学历为能力。学历低者，不论实践积累多厚，实际能力多强，也难以得到重用。人员招聘、岗位竞争、职称评聘，对学历和文凭的要求采取一刀切，误伤了不少有丰富实践经验的人才。事实上，文凭不仅成为求职的"敲门砖"，而且成为登高的"楼梯"，没有文凭的人，即使付出再多、工作能力再强也未必受到企业和社会的认可。获取文凭本身能够促进人学习知识，增长才干。但也确有许多人心气浮躁，拿文凭只是为了评职称，找工作，却忽视了自身能力的发展。

观赏驼效应的哲理

观赏驼效应阐述了人尽其才，才尽其用，用尽所能的用人哲理。

（1）浪费人才是企业最大的浪费。人才使用方面有一种怪现象：缺少人才时久寻不到，人才充足时又不知如何安排，造成人才的浪费。长期以来，我们十分重视经济和社会生活中物质的浪费，而对于人才的浪费，人们却不以为然。这是一种认识上的偏差。人才创造的价值，往往难以用数字估价。从这个意义上，可以说浪费一个人才有时比浪费几百万元甚至上千万元更可惜。人尽其才、才尽其用、用尽所能，是企业招聘人才、开发人才、培育人才的指导思想，也是有效地利用人才资源、提高工作效率和企业效益的主要途径。对有用之才弃之不用，挫伤的不仅是一个人的积极性，而是一个群体甚至团队的士气，也有悖于企业人力资源开发的初衷。企业离不开人、财、物三大要素，人是最活跃的要素，也是起决定性作用的要素，浪费人力资源是企业最大的浪费。

（2）"用"才能体现人才的价值。我们常说："知识就是力量"。若是将知识束之高阁，弃之不用，再好的知识也生发不出力量，企业用人也是这个道理。现代企业的知识型员工越来越多，共同的特征是渴望提升和实现自身价值。适应员工"价值人"特点，满足员工实现自我价值的需求，员工才能满怀信心尽心尽力地为企业做贡献，企业才能有效地利用人力资源、促进自身的成长与发展。

（3）人才具有社会属性。人才是社会资源，虽可以再生，却具有稀缺性，一些发达国家宁可抛弃贵重物资，也不愿放弃一个有用之人，就是这个道理。如何挖掘和用好人才，避免人才浪费，做到人尽其才，才尽其用，用尽所能，是企业的一项长期而重要的任务。不拘一格，量才使用，让合适的人做合适的事情，让人才充分施展聪明才智，有利于盘活企业和社会人才资源，也体现了企业的社会责任。

观赏驼效应的实例

案例一："引进人才"竟被闲置3年

2003年，不少媒体报道了"郭培才事件"：年轻有为的水土保持专家郭培才，被陕西省榆林市作为急需人才引进后，却被闲置一边，冷板凳一坐就是将近3年。他到有关部门跑了上百次，问题始终没有解决。人才搁置3年，"青菜沤成了黄菜、黄菜沤成了臭菜"，可惜啊！

榆林市地处黄土高原与毛乌素沙漠的过渡地带，境内南部丘陵沟壑纵横，水土流失严重，是全国生态环境建设的重点区域，在实施山川秀美工程的今天，人才对于这座城市来说，显得至关重要。西北农学院水土保持学专业硕士毕业的郭培才研究员，正是这方面的难得人才。

2000年，郭培才因在协助当地科技示范工作中成绩突出，被当时的榆林地委一位领导批示调进。可当满怀豪情、欲要大展宏图的郭培才一到榆林，就陷入到了困境之中，一等就是3年。3年中，除了临时到三个代表办公室帮过忙外，允诺让他去的地方始终没有落实。为此，3年中他和他的家人住招待所、租民房。3年中，他找有关领导和有关部门上百次，问题始终得不到解决。

不幸的郭培才又是幸运的。在他几乎绝望之时，遇到了一个从省委组织部来榆林上任的新书记周一波。郭培才的遭遇令周书记震惊，随即做了420个字的批示，指示有关部门在3天之内，彻底解决郭培才的问题，并要求媒体对此进行曝光，在全市开展关于人才环境的大讨论。周书记说："'郭培才事件'是榆林人才环境现状的典型代表，是长期以来榆林不重视人才现象的反映。"要想用好人才，首要的当然是要有重视人才的观念，但如果没有完备的制度保证，没有完善的用人机制，一切还是白搭。

案例二：大专生当上厦门大学教授

时下，一些单位越来越务实，开始打破身份和名门限制，不拘一格选用合适的人才。2007年，厦门大学破格录用谢泳为教授，可以算得上"一石激起千层浪"。谢泳，1961年出生，山西榆次人。1983年毕业于山西晋中师范专科学校英语专业，1995年调入黄河杂志社，主要从事中国现代知识分子问题研究，研究方向一是储安平与《观察》周刊，二是西南联大和中国现代知识分子问题，著有《储安平与＜观察＞》、《逝去的年代——中国自由知识分子的命运》等专著，取得了无人匹敌的成就。2004年，被《南方人物周刊》评为影响中国近五十年的知识分子之一。

谢泳的工作调动缘于一次机缘巧合。当时中国政法大学教授杨玉圣到厦门大学讲学，杨玉圣向校方介绍了谢泳。其后，厦门大学让谢泳填妥岗位聘任申请表，系务会讨论通过后将谢泳的材料送给国内著名学者评审，这些学者对谢泳的学术成就和研究能力给予很高的评价。最后，谢泳的申请经过各个职能部门的讨论后获得通过。2007年5月，凭借在学界享有的良好声誉，只有大专学历的谢泳收到厦门大学的商调函，这位只有学术成果而没有学位、没有高级职称的"民间学者"正式成为厦门大学人文学院的教授。厦门大学打破教育体制常规、打破"非博士不纳"的惯例，破格聘请谢泳为文学院教授一事，引起了国内学界的高度关注和舆论的广泛讨论，认为它"破大学的天荒"，带来了"不拘一格降人才"的新风。不少业内专家期待谢泳个案能产生"多米诺骨牌效应"。

观赏驼效应的启示

人才是事业之基、发展之本、竞争力之源。如何做到人尽其才、才尽其用、用尽其能呢？从观赏骆效应中可以得到有益的启示。

（1）要当"船长"、"校长"、"兄长"。管理者要学会欣赏、信任和区别对待每一个成员，让每个人干最适合的事，每个员工就能对他所做的每件事充满自信，对从事的职业尽心尽力、尽职尽责。欣赏是为了给人信心，使他知道自己能；信任是为了给人责任，使他知道要对自己的行为负责；区别对待是为了人尽其才，让他做自己最擅长和最有兴趣的事，这样才能效率高、效果好！这就要求管理者要有博爱的心、精湛的业务水平、仔细入微的工作态度。一句话，就是既当得了"船长"，又当得了"校长"，更当得了"兄长"。

（2）要"识才"、"爱才"、"用才"。拿破仑曾经说过，世界上没有废物，只是放错了地方。人尽其才、才尽其用的关键是用人得当。管理者在工作中要有慧眼识金的眼光和洞察力，善待每一名员工，认真评估他们的能力，努力发现可用之人，把他们放在适当的岗位，用在适当的时候。

（3）营造"惜才"、"育才"、"留才"的环境。人才资源是第一资源，人才优势是最大优势，人才创造是科学发展的强大推动力。营造适应人才成长、发展的良好环境，搭建人尽其才的舞台，企业才会有广阔的发展前景。改变人才的"观赏骆效应"，要做到"三给"：一是给合适的"位子"。根据不同对象的素质优势和能力专长，把人才安排到最能发挥其优势的岗位，以才位相宜、人事相适，促人才创业有为。二是给好项目。好的项目既能吸引人才，又能造就人才。积极创造条件，多办一些开发园、工业园、科研园，加强人才创业基地建设，尽量让人才与产业链、项目建设直接"对接"，用人才带动和支撑企业的良性发展。三是给宽裕的经费。对人才搞课题研发、科研成果转化等，要在经费上给予支持，努力做到创业中经费有保障、发展有空间、成功有舞台。

（4）用好人才政策。党和政府以科学发展观为指导，出台了诸多人才培养、引进、使用、评价、流动、激励、投入、保障等方面的相关政策。善谋者必能用足用好用活政策：一不"贪污"政策，凡是有政策规定的，都不折不扣把它用足，该特惠的特惠、该倾斜的倾斜、该兑现的兑现，让人才在职场的激励下扬鞭奋蹄；二不浪费政策，用好一切有利于人才创业和发展的优惠政策，想方设法助人才成长、创业；三不用"死"政策，善于灵活应变，把政策用活、用准，发挥政策对人才成长的导向作用和助推作用。

运用骆驼效应需要注意的问题

重视人才需求和人才能力的评估，做到量需为入，因才施用。

（1）评估需求，量需为入。克服虚荣心和盲目性，从实际出发研究和评估人才的需求，制定人才需求规划。需要什么人才，在用多少，储备多少，培养多少，引进多少，都要明明白白，避免人才短缺和人才浪费。

（2）评估能力，因才施用。以有用为前提和标准定义人才，对人才能力进行全面的评估，现时的能量和潜能有多大，未来能够做到什么程度，都有客观的评价和科学的预测，以便让人才的聪明才智充分地展示出来。

24. 超限效应

注意激励下属的方式和时间,防止就一个问题过多过强地刺激下属,以免使下属产生抵触甚至逆反心理。

超限效应的由来

美国著名幽默作家马克·吐温有一次去教堂听牧师演讲。最初,他觉得牧师讲得很好,深受感动,准备捐款,并掏出了自己所有的钱。过了10分钟,牧师还没有讲完,他有些不耐烦了,决定只捐一些零钱。又过了10分钟,牧师仍没有讲完,他决定1分钱也不捐。牧师终于结束了冗长的演讲,募捐开始了,过于烦躁的马克·吐温不仅未捐钱,还从盘子里拿走2元钱。这种由于刺激过多过强或作用时间过久,超出人们的心理接受容量或程度,引起逆反心理的现象,被称为"超限效应"。

超限效应的哲理

超限效应是生活中常有的现象。

(1)超限效应强调适度适量的原则,超出度和量,就是超限。掌握好"火候"、"分寸"、"尺度",恰到好处才能避免物极必反。超限往往会引起对方心理的极不耐烦或逆反,结果事与愿违。古希腊哲学家德谟克利特说过:"当人过度的时候,最适宜的东西也会变成最不适宜的东西。"汽车载重都有规定的量,过量就是超限,会给运输带来隐患。同理,人们接受任务和信息的刺激时,也存在一个主观的容量,如时间长短、工作量大小等,超过容量,就不愿意认真对待了。中国人做事做人都讲究"分寸",其实就是一个度的问题。掌握分寸这个度是很难的,物极必反,人们在压力过高、刺激过大、重复过多的情况下,不但不能提高效率、推进事情向前发展,反而会阻碍正常工作。古人云:道之不行也,我知之矣:知者过之,愚者不及也。意思是说,事情做不好的原因我知道了,有能力的人自以为是,不知道掌握分寸,做过了头;能力不足、懵懂无知的人,做不到位、达不到标准。过与不及，分寸把握不好，是我们工作中要尽力避免的两个极端。

（2）超限效应产生的原因往往是以自我为中心，缺乏换位思考。超限效应容易导致心理上的累加效应。例如员工偶尔加一两次班，心里抵触情绪不大，若是无休止地加班加点，超出生理极限和心理极限，员工的反感情绪会越来越强烈；领导因为同一件事情几次三番地批评员工，批评的累加效应就会更大，员工的厌烦度就会以几何级数增加，演变成反抗心理，甚至达到不可收拾的地步。

超限效应的实例

案例一：大地震后的捐款

汶川大地震牵动全国人民的心，人们普遍自愿捐款赈灾。某单位在一波个人自愿捐款之后，又专门发文，要求所有人当月工资都要拿来捐款。有家企业还做出"不捐款就除名"的政策。一些年轻人凑在一起嘀咕这件事情，有的说："我刚捐过1500元，这个月工资又没了，还得啃老啊！"有的说："捐款是对灾区人民的爱心，是自觉自愿的行为，要根据自身的情况量力而为，没有必要强制，搞得自己也要别人救济。"看来，捐款是善举，但也要有度，若超出人们的心理承受能力，就背离了慈善行为的初衷。比尔·盖茨捐出全部身家580亿美金作慈善令人敬佩，普通工薪族力所能及地捐款赈灾同样值得称赞，以乞讨为生的乞丐捐出几元钱同样让人感动。虽然捐款的价值无法相比，但爱心是一样的。倘若将捐款慈善行为从自愿变成强制命令，搞一刀切，就明显地过度了，可能会起反作用，影响慈善事业的健康发展。

案例二：为儿子减负

有位女工，儿子刚刚5岁，上幼儿园大班，她把小孩当成天才，全天候地培养。孩子学习大人陪着，忙得不可开交。小孩学习兴趣日益下降，逐渐产生厌学情绪，却不得不学，常常累得一上车就睡着了，看着让人心疼。孩提时期正是玩兴大发的时候，让他一天学四门课，压得喘不过气来。爸爸与妈妈商量，压力过大会扭曲孩子的天性，要适可而止。过于分散精力，什么也不会学好，后来，妈妈把孩子不感兴趣的钢琴、游泳取消了，孩子轻松了，但是在美术和乒乓球方面的进步却快多了。

超限效应的启示

避免超限效应是科学，也是艺术，对加强自身修养、提高感悟能力和工作水平，显得尤为重要。

（1）要了解和把握人的心理承受能力。超限大都是"以我为中心"的产物，换位思考有助于我们掌握分寸，讲究方式方法。比如在员工工作量的确定上，留有一定余地，不宜推行"满负荷工作"制。所谓留有余地，比较合适的尺度是八成工作量，最多不超过九成，张弛有度，保持弹性。

（2）要学会把复杂的问题简单化。不要认为多多益善，简单有时才更科学，更容易接受。比如开会作报告，说有3点要讲的时候，与会人员会认真地听。若有10点要讲，与会人员就会失去听下去的兴趣。同样，如果一节课，老师让学生学习10个新词，学生可能会认真学习，并试图掌握，若是一口气讲50个新词，恐怕学生连试图记忆的兴趣也没有了。

（3）要改进领导作风。有些超限行为体现在管理者粗暴的管理作风上，他们往往居高临下，盛气凌人，不顾下属的尊严和颜面，不实行平等交流。无论领导者、还是管理者，与员工之间只有分工不同，在人格上是绝对平等的。管理员工要改进作风，讲究分寸，防止超限，注意人性化。作为领导者要惜言、慎言和善言，不要说的时候婆婆妈妈，做的时候拖拖拉拉，最后什么效果也没有，只是让人反感。

避免超限效应需要注意的问题

超限效应客观存在，困扰领导，也为难员工。消除超限效应迫在眉睫，需要时时注意，事事用心。

（1）批评不要超限。切记："犯一次错，只能批评一次。"千万不要重复同样的批评。如果一定要再次批评，应该换个角度。这样，员工也不会觉得同样的错误一再被"穷追不舍"，厌烦心理、反抗心理就会随之减低。

（2）表扬也不要超限。不要认为批评多了不好，表扬多了就好。其实，表扬也有限度。表扬过多过滥，而且有意拔高，员工会认为领导在哄自己，名义上表扬，实际上不信任自己。表扬过度，员工也会大为恼火。

（3）具体事情具体对待。不能简单地认为对某些事情强调多次，就是超限效应。有些事情就是要天天讲、月月讲，让人牢记不忘。比如安全生产，管理者就是要有"婆婆嘴"，对重大安全问题要举一反三，常讲常抓，"宁听骂声，不听哭声"。

25. 破窗效应

小洞不补，大洞吃苦；防微杜渐胜过亡羊补牢。

破窗效应的由来

美国斯坦福大学心理学家菲利普·辛巴杜于1969年进行了一项实验，他找来两辆一模一样的汽车，把其中的一辆停在加州帕洛阿尔托的中产阶级社区，而另一辆停在相对杂乱的纽约布朗克斯区。停在布朗克斯的那辆，他把车牌摘掉，把顶棚打开，结果当天就被偷走了。放在帕洛阿尔托的那一辆，一个星期也无人理睬。后来，辛巴杜用锤子把车的玻璃敲了个大洞。结果仅仅过了几个小时，车就不见了。

以这项实验为基础，政治学家威尔逊和犯罪学家凯琳提出了一个"破窗效应"理论，他们认为：如果有人打坏了一幢建筑物的窗户玻璃，而这扇窗户又得不到及时的维修，别人就可能受到某些暗示性的纵容去打烂更多的窗户。久而久之，这些破窗户就给人造成一种无序的感觉。结果在这种公众麻木不仁的氛围中，犯罪就会滋生、蔓延。

破窗效应的哲理

"破窗效应"阐明这样一个道理：防微杜渐，及时矫正和补救正在发生的问题，营造良好的管理环境和氛围，避免重大问题的发生。

（1）从小事做起。在一些人的眼中，迟到一次两次，占一点企业和他人的小便宜，是微不足道的。但是，任何一种不良现象都会传递一种不良信息，导致不良现象的无限蔓延和扩展。对这些现象熟视无睹、不闻不问，就会纵容更多的人"去打烂更多的窗户玻璃"，日积月累，由量变衍生质变，极有可能演绎出"千里之堤，溃于蚁穴"的悲剧。唯有坚持，有错必纠，有漏必补，重小节，抓细节，防微杜渐，才能把问题解决在萌芽状态，使企业保持正气、充满生机。

（2）营造氛围。环境具有强烈的暗示和诱导作用。环境好，有不良习惯的人也会受到感染和熏陶；环境不好，不文明举动会愈演愈烈。只有建立完善的管理机制，及时修复"破窗"，营造良好的环境和氛围，让更多的人受到感染和启发，才能培养出自觉维护工作、生活秩序的良好习惯。

破窗效应的实例

案例：市民哄抢景观花卉

四川新闻网报道，2008年3月5日下午5时许，四川德阳文庙门前的广场上，数千景观花卉遭市民哄抢，现场一片狼籍。

文庙广场鲜花是春节期间摆放的，为了方便市民休闲，有关方面陆续将花卉转运到其他地方，由于运载工具有限，当天没有及时全部转移完。看到园林处的工作人员正在转运花卉，一名女子趁搬运人员离开时，抱得两盆鲜花离开，却无人制止。很快，上百市民"受此启发"，"顺手牵羊"的人越来越多，出现了市民哄抢花卉的场面。这些扮亮城市的鲜花被市民们用口袋、自行车、甚至三轮车一株株地搬走。现场留下一片狼藉。一位手拎鲜花正准备离去的市民对记者说："反正大家都在捡，我也跟着捡了两株。"

也有人说："如果最初的那名女子不擅自搬花，或者她的行为得到及时制止，就不会有一抢而光的结果。"

破窗效应的启示

破窗效应给社会、给企业带来严重的破坏，必须高度重视，积极预防和制止破窗效应的发生。

（1）点滴做起，防微杜渐。日常生活中经常有这样的现象：在一个很干净的地方，人们会不好意思扔垃圾，一旦地上有垃圾出现，人们就会随地乱扔垃圾，丝毫不觉得羞愧；对于工作中不计成本、不讲效益的行为，有关领导不以为然，下属的浪费和怠工现象会日趋严重。这些现象充分说明，"小恶小奸"不除，必有人效仿，甚至积重难返。作为管理者要洞察秋毫，及时修复"破窗"，惩罚"破窗"者，制止小错误，避免大错误。防微杜渐胜过"亡羊补牢"。

（2）小题大做，落实制度。制度化建设关键在于发挥制度的警示作用。通过惩治方式，警示他人不再步后尘、越雷池，保证制度的有效执行。但是，现实的情况往往是制度多，有效的执行少。长此以往，企业的发展会很尴尬。对公员工中发生的"小奸小恶"行为，管理者要高度警觉，坚持严格"依法"管理，适当的时候要小题大做，防止"千里之堤，溃于蚁穴"，带来无法弥补的损失。

（3）及时处理，不能拖延。避免破窗效应也是执行力的体现。发现破窗现象，要在第一时间采取措施。动作要快，力度要大，不放任，不姑息，不迁就，英国一家公司有名车工，为了加快工作进度，把切割刀前的防护挡板卸下，被主管逮个正着，次日被公司毫不留情地解聘了。结果公司员工安全意识普遍增强，违章作业现象大大减少，生产事故明显降低。

避免破窗效应需要注意的问题

破窗效应对于社会、企业和个人都具有广泛的适用性，在运用时应该把握好度。

（1）明断是非。大事都由小事积累而成，而凡事都有善恶之分。运用破窗效应不仅要小中见大，而且要区分良莠善恶，管理者应该是非分明，区别对待。

（2）建章立制。破窗效应在一定程度上体现制度的缺陷，事前没有制度的约束，事中和事后没有制度的惩戒，造成无章可循，管理混乱。既然出现破窗效应，就应该查找制度的缺陷，及时地增添或修订制度，警示人们遵章守纪，勿以恶小而为之。

（3）文化育人。培育优秀文化，让员工成为文化人、道德人，人人能够认同规矩，自觉遵守规矩，才能保证有效地执行制度。更重要的是，员工成为文化人、道德人，人人有了正义感和荣辱感，无论事大事小，无论有无制度规定，都能自觉约束和规范自己，从根本上避免破窗效应的发生。可以说，优秀文化能够防患于未然，具有"治未病"的奇效。

沟通篇

避雷针效应	沟通是企业的"避雷针"
秀才买柴效应	沟通要看人说话，成功75%靠沟通
牢骚效应	把郁闷牢骚发出去，把快乐心情找回来
聊天效应	聊天也是淘金
名片效应	只有"自我暴露"，才有"熟识吸引"
和声效应	异口同声并非绝对的好事
教练效应	伯乐重要，"驯马师"更重要
禅师效应	身教重于言传
二十一天效应	新理念、新习惯的形成如同鸡蛋孵化小鸡
上朝效应	沟通需要有序化、规范化

26. 避雷针效应

解决问题的理想方法不是回避、压制和威慑，而是有效地沟通和疏导。沟通是企业的"避雷针"。

避雷针效应的由来

避雷针，又名防雷针、引雷针，是用来保护建筑物等避免雷击的装置。在高大建筑物顶端安装一个金属棒，用金属线与埋在地下的一块金属板连接起来，利用金属棒的尖端放电，将云层所带的电迅速导入地下，和地上的电逐渐中和，使建筑物避免被雷击。

避雷针通过疏导有效解决了建筑物的避雷问题。将这种现象运用于企业管理，及时加强思想疏导，防止和避免恶性事件发生，被称做"避雷针效应"。

避雷针效应的哲理

避雷针效应的寓意是：善疏则通，能导必安。

（1）沟通是组织的生命。对建筑物保护的好坏程度，取决于避雷针将雷电导入地下的优劣程度。同样，组织中的安定程度取决于上下沟通的顺畅程度。任何一个企业，特别是规模庞大的企业，顺畅的沟通是至关重要的。无论是自上而下还是自下而上地沟通，都有利于及时把握商机或者及时解决问题，确保企业战略的执行，提高管理质量和工作效率，创造更高的经济效益和社会效益。沟通不畅，企业矛盾重重，遇到特殊情况，就会遭"雷击"而破坏。所以，解决问题的理想方法不是回避、压制和威慑，而是加强疏导，及时化解矛盾，消除隔阂，达到新的和谐与安定。

（2）沟通的目的就是传递和理解信息。表达、传递、理解组成沟通渠道，无论哪个环节出了问题，沟通都是无效的。沟通的过程好比是无线电，播音员是信息的发送者，听众是信息的接收者，收音机是信息传播的渠道。要想得到准确的信息，必须有很好的发送者、传播渠道和接收者。而要把自己的意思尽可能完美、清晰地表达出来，就必须在所用的语言、所处的环境和时间、使用的表达方式等方面加强能力培养。

避雷针效应的实例

案例：墨子与耕柱

耕柱是春秋战国时期一代宗师墨子的得意门生，同窗好友也都认为耕柱是最优秀的。不过，耕柱老是遭到墨子责骂，让他十分没有面子。

有一次，耕柱觉得非常委屈，心里郁闷难忍，就愤愤不平地问墨子："老师，我在这么多学生中竟是如此的差劲，以致于时常受到您老人家的责骂吗？"墨子听后，毫不生气，意味深长地对耕柱说："假设我现在要去太行山，以你看来，我应该用良马来拉车还是用老牛来拖车？"耕柱回答说："再笨的人也知道要用良马来拉车。"墨子又问："那么，为什么不用老牛呢？"耕柱回答说："理由非常简单，因为良马足以担负重任，值得驱遣。"墨子说："你答得一点也没有错，我之所以时常责骂你，因为你能够担负重任，值得我一再地教导与匡正。"

可想而知，耕柱从墨子的解释中得到欣慰，心中顿时敞亮，郁闷烟消云散，求学上进的欲望更加强烈。如果耕柱不主动与老师沟通，总是憋在肚子里生闷气，岂不憋出病来，哪有心思读书。"不主动沟通，就等于瞎子点灯"。

避雷针效应的启示

避雷针效应在社会生活中运用颇多。无论是组织还是个人，都应该增强沟通能力，给自己安装一套完善的"避雷针"。

（1）建立和完善企业的"避雷针"系统。善于疏导是管理的精髓。现代社会快变多变，人们的思想异常活跃，社会、企业、个人都会遇到各种挑战和困难。特别是企业，员工对企业的经营管理难免有这样那样的意见和建议，甚至有些抵触情绪，企业班子内部也会产生这样那样的成见和隔阂。若视而不见，置之不理，天长日久，势必积重难返，给企业带来灾难，甚至导致企业大厦的坍塌。建立企业的"避雷针"体系，完善沟通渠道，可以准确地表达信息、接受信息，通过及时顺畅的沟通，不给问题以生存空间，不给矛盾以繁衍土壤，达到各方相互理解、谅解和尊重、支持。

（2）增强沟通能力。沟通是一种重要的管理工具，应用好这个工具能使企业的管理流程更加通畅、信息交流更加充分，高效地实现管理目标。就企业内部而言，有效的沟通是建立学习型企业、培育团队合作精神的关键；就企业与企业的关系而言，有效的沟通是实现强强联合与优势互补的纽带；就企业与社会的关系而言，有效沟通是处理好企业与政府、企业与公众、企业与媒体等各方面的关系，实现企业发展并服务于社会的桥梁。就员工个人而言，沟通无效可能会导致严重后果，如事业受损、家庭不和睦、个人信誉降低、自尊不足、信心衰减、激情消退、人际关系紧张、失去创造力等。要有所成就，离不开熟练掌握和应用管理沟通的原理和技巧。遇到问题，不要总是针尖对麦芒，互不理睬，寸土不让。给自己的事业和生活安装一支"避雷针"，可以有效沟通，纵然"雷电交加"也能从容应对，化险为夷，使自己在工作、生活中游刃有余。

（3）培育卓越的团队文化。良好的人际关系和有效的沟通能力是相辅相成的。良好的人际关系源于卓越的团队文化，团队成员之间具有共同的愿景和信念，能够相互信任、理解、支持与合作，等于在团队安装了一支"避雷针"，出现情绪波动时就可以通过及时有效的沟通，化解矛盾，消除隔阂，稳定人心，使团队始终处于高度的统一、和谐与安定状态。

运用避雷针效应需要注意的问题

（1）注意选择适当的沟通方式。信息沟通每时每刻都在发生，但并不是所有的沟通都是成功、有效的。需要建立顺畅的信息沟通通道和网络，选择良好的沟通工具，还要运用适当的沟通方式。

（2）注意适度沟通。沟通也有两面性。在强调沟通重要性的时候，也要遵循沟通的"距离原则"；强调沟通正面效果的同时，也强调沟通带来的负面影响。沟通也需要"度"，适度才是最好的。

27. 秀才买柴效应

一个人成功的因素75%靠沟通，25%靠天才和能力。

秀才买柴效应的由来

古代有位秀才要买柴，见一人挑柴卖，便呼道："荷薪者过来"。卖柴的人听不懂"荷薪者"（担柴的人）三个字，但他听懂了"过来"两个字，于是把柴担到秀才面前。

秀才问他："其价如何？"卖柴的人听不太懂这句话，但他听懂了"价"这个字，于是就告诉秀才价钱。秀才接着说："外实而内虚，烟多而焰少，请损之"。意思是：木柴的外表是干的，里面是湿的，燃烧时浓烟多、火焰少，请减些价钱吧！卖柴人听不懂秀才说什么，担着柴就走了。

在日常工作和生活中，管理者有时也像秀才那样，不看对象，说一些令人难懂的词语，以显示自己的才华与高雅，结果事与愿违，导致沟通失败。这种现象称为秀才买柴效应。

秀才买柴效应的哲理

秀才对不合适的人说了不合适的话，导致买卖双方无法沟通，交易失败。这个故事充满了丰富的哲理。

（1）完美的沟通是成功做事的前提。沟通对人与人之间的交往非常重要。一项研究表明：一个人成功的因素75%靠沟通，25%靠天才和能力。虽然沟通如此重要，但并不是每个人都能掌握沟通的技巧。只有巧妙掌握技巧的人，才能有效地与他人交流，取得良好的沟通效果。

（2）沟通需要正确方法。秀才的话本没错，然而在卖柴人面前，他选择了一种错误的表述方式，导致沟通失效。管理中的沟通更是如此，面对不同的受众，需要应用不同的沟通表达方式。要真正做到有效沟通，必须明确与沟通相关的"4W1H"：即"WHO"——与谁沟通，"WHERE"——在哪里沟通，"WHEN"——什么时候进行沟通，"WHAT"——沟通什么内容，还有"HOW"——怎样进行沟通。譬如，业务员去拜访一个重要客户，他必须明白应与客户方哪位负责人沟通，是采购员，还是业务经理？确定沟通对象后，必须明确沟通的信息、主要内容，明确对方是否愿意就这一主题或内容与你沟通。如果一方对某一内容比较避讳或者认为不具备沟通的必要条件时，最好避开这一内容。

（3）沟通要尊重对方。沟通双方须相互尊重对方的语言、风俗习惯、爱好等等，以真诚相待。如果沟通双方存在很大差异，就要发现并缩小差异，注意因人、因时、因地、因内容而变化，才能产生良好的沟通效果。

秀才买柴效应的实例

案例一：ERA 的苦恼

ERA 是一个日资企业中的日籍雇员，在制造部门担任经理。

ERA 来到中国，发现现场的数据很难及时反馈上来，于是决定从生产报表上开始对制造部门进行改造。他借鉴日本母公司的经验，设计了一份非常完美的生产报表，从报表中可以看出生产中的任何一个细节。每天早上，所有的生产数据都会及时地放在 ERA 的桌子上。ERA 很高兴，认为拿到了生产的第一手数据。没过几天，生产中出现了一次大的质量事故，但报表上根本就没有反映出来。ERA 这才知道，报表上的数据都是工人们随意填写的。为此，ERA 多次找工人开会强调，认真填写报表的重要性，但只是起到短期的效果。过不了几天又恢复原样。ERA 怎么也想不通。他的苦恼在很多企业经理人中具有普遍性。

ERA 的苦恼源于自己说的是别人听不懂的"语言"。ERA 经常强调认真填写生产报表，有利于改善生产管理。但这距离工人们比较远，大多数工人认为这和他们没有多少关系，他们关心的是多拿工资、养家糊口。后来，ERA 将生产报表与业绩奖金挂钩，并要求干部经常检查，工人们感到认真填写报表与切身利益密切相关，都重视起来了。

这个案例告诉我们，不要简单地认为所有人都和自己的认识、看法是高度一致的，对待不同的人，要采取不同的沟通模式，要用听得懂的"语言"与别人沟通！

案例二：离职谈话

销售员小王在年终考核中只得 2 分。在离职面谈时，书记问："小王，你这几年的业绩挺好，怎么今年没做好？"小王回答："我今年做的比往年还好。只是前几天急于谈一笔大的合同，没能及时写述职报告，科长催我 3 次，我都没有时间写。科长下了最后通牒,要我2小时交卷,否则打两分走人。我正与外商谈判,实在无法完成,一气之下,就说你想怎么打就怎么打。"书记了解了事情的真相,一心挽留小王,同时找来销售科长,让他们真诚沟通,多做自我批评。小王检讨自己处事不冷静,科长说自己不够灵活,有些意气用事。在书记的调解下,两人和好如初,小王的销售业绩越做越好,为人处事越来越老练成熟。

秀才买柴效应的启示

秀才有一身的文采,出口成章。若是秀才与秀才对话,可能显得亲近。而对目不识丁的卖柴人来说,文言文便成了"鸟语",交流起来无异于"对牛弹琴"。管理者作为具有优势的一方,不能像秀才那样要求对方适应你,而是要了解沟通对象的性格特征和语言习惯,主动适应对方,放下架子,少说官话,平等待人,才能得到对方的认同。只有看清人、说对话,才能顺畅对话,成功沟通。

运用秀才买柴效应需要注意的问题

(1)真诚第一。与人沟通是一种心与心的对话,无论采用何种方法和手段,都必须注意友好和诚实。沟通的语言要温和、少一些棱角,保证沟通顺畅、圆满,但千万不能给人油滑的感觉,否则将导致沟通失败。

(2)加强情商修炼。沟通是一门艺术,也是一种能力,体现一个人的情商修养。要取得良好的沟通,关键要加强情商修炼,提高沟通能力和效率,能够根据不同对象、不同场合、不同事项,采用恰当的沟通方式,把事情办成。

28. 牢骚效应

释放压力，解脱烦恼！把郁闷牢骚发出去，把快乐心情找回来。

牢骚效应的由来

牢骚效应源于美国哈佛大学心理学系组织的一次有价值的实验。在芝加哥郊外，有一家制造电话交换机的工厂，厂里设备先进，环境优美，各种生活和娱乐设施都很齐全，各种福利待遇也不错。但工人们的生产积极性不高，产销业绩平平。为找出原因，他向哈佛大学心理学系发出了求助申请。调查发现，厂家原来假定的对工厂生产效率会起极大作用的照明条件、休息时间及薪水与工作效率的相关性较小，而工厂内自由宽容的气氛、工人的情绪、责任感与工作效率的相关程度却较大。

他们在工厂进行了一系列试验研究，最有效的是"谈话试验"。专家们找工人个别谈话，倾听工人对厂方的各种意见和牢骚，做好详细记录，不准反驳和训斥。"谈话实验"研究的周期是两年，研究人员与工人谈话达两万余人次。

两年来，工厂的其他条件没有改变，产销量却大幅度提高。专家们诊断认为：长期以来，工人对工厂的方方面面有诸多不满，却无处发泄。"谈话试验"使他们的这些不满都发泄出来了，感到心情舒畅，所以工作热情高涨。这就是牢骚效应。

牢骚效应告诉我们：人有各种各样的愿望，真正能达成的却为数不多。对那些因未能实现意愿而产生的不满情绪，千万不要压制，而是要让它们发泄出来，这对人的身心健康和工作效率的提高非常有利。管理者必须时常关注组织内部存在的不和谐声音，及时纠正错误和改进管理，理顺员工情绪，创造和谐局面。

牢骚效应的哲理

在一般人看来，让员工发牢骚似乎有损于领导颜面，不利于企业和谐，然而实验的结果却恰恰相反。这其中蕴藏着深刻的哲理。

（1）牢骚有因。生活中不乏满腹牢骚的人，他们或因待遇不高，或因工作不顺，或因家庭不和睦，或对世道、对事物的看法得不到认同，充满愤懑，又没有宣泄的渠道，只有在私下里发牢骚，达到心理的平衡与安慰。不管发牢骚的人立场是否正确，都会对周围的人或事产生影响，殃及正常的生活及工作秩序。发牢骚的人不是极端分子，只要及时处理且方法得当，就可减少或消除牢骚的消极影响。

（2）牢骚具有二面性。任何事情都有两面性，发牢骚也有有利的一面：发牢骚能宣泄人的不良情绪，使失衡、失谐的心理恢复平衡，保护心理健康；发牢骚也能使领导者了解下属的不满，听到下属的呼声，及时地改进工作，解决问题。牢骚与建议并不是两个极端，两者之间没有明显的界线。如果管理人员足够重视，牢骚就会变成建议。牢骚背后代表人心向背，甚至反映事物发展方向。

（3）牢骚可以转化。牢骚是长期存在的一种社会现象。对待牢骚，宜疏不宜堵。堵则气滞，疏则气顺，心平气和，员工的工作积极性和主动性自然会提高，精神面貌会焕然一新。

（4）牢骚需要倾听。下属发牢骚，是对现状的发泄，期望领导惊醒，重视并改变这种令他们不满的现状。允许发牢骚，善于沟通，是管理者开明、能力和艺术的体现。禁止牢骚，也许在短时间内有效果，但某一个问题长期得不到解决，对下属来讲，是一种最消极的打击；对企业、对团队可能会埋下一颗"重磅定时炸弹"。

牢骚效应的实例

案例："松下"挨打

松下公司非常重视为员工提供发泄自己情绪的渠道。所有分厂里都设有吸烟室，里面都摆放着一个极像松下幸之助本人的人体模型，工人可以在这里用竹竿随意抽打"他"，以发泄自己心中的不满。等他打够了，喇叭里会自动响起松下幸之助的声音，这是他本人给工人写的诗："这不是幻觉，我们生在一个国家，心心相通，手挽着手，我们可以一起去求得和平，让日本繁荣幸福。做事可以有分歧，但记住，日本人只有一个目标：即民族强盛、和睦。从今起，这绝不再是幻觉！"

当然，这还不够，松下还会继续说："厂主自己还得努力工作，要使每个职工感觉到：我们的厂主工作真辛苦，我们理应帮助他！"正是通过这种方式，松下的员工自始至终都能保持高昂的工作热情。

牢骚效应的启示

员工抱怨的理由，和抱怨天气一样，并不是因为他们想要改变什么，而是他们需要一个发泄的出口，牢骚发出来了，心里就会舒服一些。由此可见，只要正确对待牢骚，就会产生积极的牢骚效应。

（1）树立正确的牢骚观。牢骚是以一种情绪形式发泄出来的，有时会让人难以接受。其实，只要正确理解，认真对待它，牢骚往往能起到解决问题的催化作用，给我们带来额外的收益。牢骚虽有不恰当之处，却反映了事实的一部分，隐含着管理者容易忽视、现实中又急需解决的问题。就某种意义上说，牢骚也是企业管理的一种资源。对于企业来说，可怕的不是员工发牢骚，而是堵塞言路，使牢骚积少成多、积小成大，一旦牢骚在寂寞中爆发，破坏性可想而知。管理者要正确对待牢骚，切实尊重员工的话语权，善待发牢骚者，不记恨、不打击、不搞"秋后算账"；构筑顺畅的沟通渠道，及时释放员工的牢骚，不要埋下"定时炸弹"；加强引导，变消极因素为积极因素，不要浪费了"牢骚资源"。

（2）学会倾听牢骚的本领。让员工发牢骚，不仅是让员工畅所欲言，而且是感同身受的倾听，给予倾诉者最大程度的理解。不要一听到牢骚就认为发牢骚者有心理疾病或与自己过不去，或故意找茬。一定要学会倾听，不但要听得及时，还要听得认真。这样既能减少发牢骚者的失落感和无助感，又能帮助自己从中找到一些解决问题的信息和办法，以便及时解决问题。将牢骚变成切实可行的行动方案，将解决问题的结果与"牢骚者"一同分享。

（3）用好牢骚的积极效应。要重视员工的牢骚，不能让员工带着情绪上岗。否则，工作质量打折扣，安全无保障。韩非子说：下君，尽己之力；中君，尽人之力；上君，尽人之智。管理者要做中君，更要做上君，不要把员工仅仅当做劳动力，而要充分发挥他人的智慧，集思广益，群策群力，管理企业，发展企业。允许员工发牢骚，为发牢骚者提供一个发泄心中郁闷的机会，让员工把憋在心里的话说出来，缓解愤怒、沮丧、恐惧等情绪。不良情绪一旦释放，就会化消极为积极，收到意想不到的效果。

运用牢骚效应需要注意的问题

（1）不是牢骚越多越好。善待牢骚，是为了及时化解矛盾，最终消除牢骚。从总体上看，牢骚是消极的。发牢骚的人不舒服，因为他感觉到的只是憋屈和不公平。听牢骚的人也不舒服，因为这种消极情绪会传染给别人，作为管理者，做事要公开、公正、公平，让员工心悦诚服地被管理，心平气和地处事，牢骚自然会越来越少。

（2）并非所有的牢骚都有积极作用。人生往往会遭到很多困扰与烦恼，主要是来自于自己。管理者要引导员工加强自身修养，端正心态，控制情绪，少发或不发牢骚。毛泽东在《赠柳亚子先生》的诗中曾经写道："牢骚太盛防肠断，风物长宜放眼量。"我们虽有有限的失望，但是还有无限的希望。要以宽阔的胸襟，长远的眼光，辩证地分析问题，排解心中的"郁闷"。我们要在逆境中磨炼意志，不计较个人得失，不计较一时成败，始终保持自足和乐观心态，别让牢骚坏了自己的心情，消磨自己的激情。

（3）发牢骚要因人而异。有些管理者受"为尊者讳"的"面子文化"影响，把威望、威信看作是一个很好的面具，不希望别人扯下这个面具。一些企业对牢骚效应不感兴趣，自然不会同意让基层员工随意发牢骚。在某些国企，做管理就是当官，当官就要讲官威，哪能随便让你议论？员工要适应企业环境，学会控制情绪，少发或不发牢骚，因为你改变不了环境，只能顺应它。这就是说，不分单位、场合大发牢骚，只能引起反感，对自己有害无利。

（4）发牢骚要权衡利弊。牢骚通常由不满引起，这是一种正常的心理"自卫"行为。但大多数企业老板认为，"牢骚族"与"抱怨族"不仅惹是生非，而且造成组织内部彼此猜疑，打击团队工作士气，是企业"毒瘤"。他们常常对发牢骚者采取不容忍的态度，实施"外科手术"。当你牢骚满腹时，不妨记住企业"稳定高于一切"，要宽心静心，容人容事。员工要权衡利弊，做好必要的准备，保证自己的职业稳定。

29. 聊天效应

聊天也是淘金。通过聊天，沟通思想，产生共鸣，擦出火花，结为志同道合的挚友，成就事业。

聊天效应的由来

一天晚上，索尼公司的董事长盛田昭夫按照惯例走进职工餐厅，与职工一起就餐、聊天。发现一位年轻职工郁郁寡欢，闷头吃饭，谁也不理。他就主动坐在这名员工对面，与他攀谈。这个员工告诉他："我毕业于东京大学，有一份待遇十分优厚的工作。进入索尼之前，对索尼公司崇拜得发狂。当时，我认为进入索尼是我一生的最佳选择。但是，现在才发现，我不是在为索尼工作，而是为课长干活。坦率地说，我这位课长是个无能之辈，更可悲的是，我所有的行动与建议都得课长批准。我自己的一些小发明与改进，课长不仅不支持，还挖苦我。我十分泄气，心灰意冷。这就是索尼？这就是我的索尼？我居然放弃了那份优厚的工作来到这种地方！"

这番话令盛田昭夫十分震惊。他想，类似的问题在公司内部恐怕不少，管理者应该了解员工的处境，消除员工的苦恼，成就员工的理想，而不能堵塞员工的上进之路。于是，他着手酝酿改革人事管理制度的思路。不久，"内部跳槽制"出台，索尼公司实行内部招聘制度以后，有能力的人才大多能找到自己中意的岗位，而且人力资源部门可以发现那些"流出"人才的上司所存在的问题。

管理者通过聊天，对员工知情知心，或采纳员工建议，或从中悟出道理，产生新思路，拿出新招数。这种现象称为"聊天效应"。

聊天效应的哲理

索尼公司董事长盛田昭夫与员工聊天生发的聊天效应，蕴含着人际沟通的深刻哲理，阐明了聊天对于加强和改进企业管理的重要性。

（1）聊天是最好的沟通方式。信息时代，有效沟通成为社会生活的主要活动。从来没有哪个时代有如此多的人关注沟通，重视沟通，学习沟通，研究沟通，运用沟通技巧成就人生、成就事业。正如沃尔玛总裁所说："如果必须将沃尔玛体制浓缩成一种思想，那可能就是沟通，它是我们成功的真正关键之一。"沟通的形式多种多样，聊天是一种最有效的沟通方式。这种沟通方式面对面，自然、亲近、随便，往往能够直接、真实地听到对方的心声，彼此之间消除误会，找到问题的症结和成功的突破口。

（2）聊天是高层管理者需要具备的基本功。随着任职时间的积累和职务的提升，管理者，特别是高层管理者身居要职，工作繁忙，与普通员工接触的机会越来越少，获取信息主要靠读文件、看报表，沟通的渠道越来越窄。有些管理者也很想知道基层员工的信息，却由于层层环节的过滤和加工，了解了不少失真信息。基层员工到底在想什么，有什么具体的意见和要求，有哪些问题需要解决，很难准确听到。由于信息渠道不够畅通，管理者在做决策时难免会少了基层实际，多了主观愿望和经验成分，造成管理不到位，决策的失误。而聊天恰恰能够使管理者听到真实信息，在一定程度上走出管理和决策的盲区，提高企业管理的水平。盛田昭夫正是在就餐时和员工的聊天中，了解了员工的所思所想，发现了管理中的症结，然后对症下药，采取一个个的改革、改进措施，治愈企业管理上的弊病，使企业充满了生机与活力。就某种意义上说，高层管理者的工作水平与沟通有关，特别是与会不会聊天有关。从表面上看，聊天是比较随便的，但有的聊天也是"淘金"，许多问题在聊天中发现，许多宝贵的意见在聊天中听到，许多改革、创新的思路在聊天中悟出。

聊天效应的实例

案例：刘经理"下课"

刘经理是农村出身的大学生，从一线摸爬滚打，成为深圳一家消费电子产品公司的策划部经理。他废寝忘食地工作，甚至没有时间去谈恋爱。他有句口头禅："公司事再小也是大事，个人事再大也是小事"。

刘经理没有个人爱好，同时也要求属下专注于工作，上班时间不得闲聊、不得接打私人电话、不得做与岗位工作无关的事情，要养成"早到晚归"的习惯，每天陪自己加班到深夜，即使无事可做，也不能随便回去，根本没有什么周末、国家法定节假日的概念。下属没有养成这种习惯，加薪晋职的机会就很渺茫，而且很可能被他冷藏，或者被调职、解雇。他从不与员工聊天，员工担心挨批，也不敢与他沟通，只能是私下议论。

在他的领导下，员工总有做不完的工作，即便有些工作没有任何意义。时间久了，员工纷纷抱怨没有私人空间，好像自己被卖给了公司，身心受到严重的限制，快要疯掉了。一次，一个下属在内部网站的 BBS 牵头讨论加班要给加班费、工作应该劳逸结合的问题。没几天，这位员工就在绩效考评中被合理规范地"处理"掉了。后来，在一次深夜召开的部门会议上，下属终因积怨太深，纷纷爆发，严厉指责这种非人性化管理。刘经理的工作陷入了被动，部门士气低落、效率下降、人员流失、管理混乱。不久，他被撤职调离。

聊天效应的启示

聊天效应为企业管理者指出了与员工沟通的有效途径，也向管理者提出诸多的思考题。管理者要善于运用聊天效应，学习索尼董事长处理问题的方式、策略，反思自己的管理并加以改善，提高管理水平。

（1）问题获得的方式：等待还是寻找？盛田昭夫不是只坐在办公室听取下属报告或者阅读秘书撰写的情况反映，而是按照惯例走进餐厅与员工一起就餐、聊天，获得最真实和最深层的第一手信息。盛田昭夫用平常、简单的"走进"，知晓了基层单位和员工个人的一些真实情况。当然，他"走进"的不仅是餐厅，更是职工的心灵。反观我们的有些管理者，偏爱在办公室听报告、看材料。二者相比较，从哪里获得的信息最真实呢？实际上，深入基层、深入群众，早就是衡量一个优秀管理者的官方标准和民意标准。真正想办好企业的管理者一定会以知民意、暖民心为首要工作。构建和谐社会下的和谐企业，也需要管理者"走进"员工心里，了解并切实解决他们急需解决的问题，而不是等待和应付。

（2）面对问题的态度：漠然还是震动？每一个管理者都会面对大量的问题，应该以什么样的态度对待问题？盛田昭夫听了年轻人的一番话表现得十分震惊：震惊是因为他居然不知道还有这样的事情，而此类事情可能会影响公司的长远发展。震惊的背后是他对自己公司前途的持续关心。管理者对公司的问题要充分关注，一些重大事件或突发事件都会有酝酿、爆发的过程。事态发展的趋势取决于领导者对待员工的态度和处理问题的方法，是未雨绸缪，还是亡羊补牢？是闻过即改，还是漠然置之？态度、作风、方法不同，结局大相径庭。

（3）解决问题的策略：息事宁人还是勇于改革？盛田昭夫如果用传统方法来处理故事中年轻人的牢骚，也有许多方法：安慰年轻人，找课长诫勉谈话；炒课长鱿鱼，换个新课长；考察年轻人的实力，给他新岗位；提拔年轻人，让他代替课长；等等。而盛田昭夫从个别现象想到类似问题，完成了思维上从个别到一般、从特殊到普遍的推理过程。他没有就事论事地单独解决一个年轻人的问题，也没有为了息事宁人而"大事化小，小事化了"，而是出于职业警觉从管理的战略角度解题：出台"内部跳槽制"，打破传统的等级制，促进人才合理流动，做到"人尽其才，才尽其用"。盛田昭夫的做法给我们的启发是：管理者要善于从战略角度、从制度层面解决问题，这是提高管理水平的关键。任何一个单位都有自己的全局，都要面临长远发展问题。管理者必须树立大局观念，进行战略思考。否则，只见树木、不见森林，不仅不利于问题的解决，还会制造出更多的人际矛盾。从制度、体制变革入手有利于问题解决，促使工作向更高目标前进。

运用聊天效应需要注意的问题

（1）聊天要有明确目的，切实解决问题。与员工聊天是为了改善和加强企业管理，而不是为聊天而聊天。管理者要放下架子，与员工打成一片，与员工交心知心，善于在聊天中听到员工的真知灼见，进而发现问题，找到管理课题，确立管理改革和创新的着眼点和立足点，推动企业进步。切忌图形式，走过场，摆花架子。

（2）次数重要，效果更重要。次数与效果是量与质的关系。管理者与员工聊天常常有两种情况，有的次数很多，但成果很少；有的成果明显，但次数偏少。管理者既要保证次数，与员工有更多的接触，更要注意在接触中多发现和解决问题，达到既有量的积累，又有质的飞跃。

30. 名片效应

只有"自我暴露",才有"熟识吸引"。襟怀坦白,推心置腹,潜在着一种人际吸引力。

名片效应的由来

名片是一种拜客时用的自我介绍的小卡片,名片的作用是让对方了解和熟识自己。

前苏联心理学专家纳季拉什维利由此提出了"名片效应"。

名片效应指的是在某种社交场合,为了便于沟通和处事,首先向对方做一些必要的介绍,传播一些他们熟悉并喜欢的信息和思想,然后悄悄地将自己的观点和思想渗透和组织进去,让对方认同或赞同你的观点、态度,使对方感觉到你与他们的态度和价值观相同,或有更多的相似性,进而很快地缩小心理距离,结成良好的人际关系。

名片效应的哲理

名片效应是一种初次沟通的技巧,蕴含着人际交往的哲理。

只有"自我暴露",才有"熟识吸引"。介绍自我,展示自我,能够产生"熟识吸引"的效果,让对方了解你,并愿意接受你。也许有人会担心暴露自我的缺点、弱点,使对方降低对自己的好感。社会心理学家早就考虑到了这种担心,于是进行了反复实验。无论是"洋实验"还是"中实验",结论都是:"自我暴露会增加好感"。

一次,有位记者在公众场合采访世界垒球王史蒂夫时,突然提问:"你哭过吗?"这名记者在众目睽睽之下提这个问题,很有点捕捉垒球王的隐私的打算,也有点揭其"非男子汉"之短。那么,垒球王是怎么回答的呢?他说:"哭过。"还进一步解释:"我觉得在某种场合掉眼泪更像个男子汉,因为这表现了你是个实实在在的人。"如此坦率地将内心软弱的一面暴露于众,结果使得球迷更加喜欢这个实实在在的球王了。

这个例子说明，人们在社会交往中襟怀坦白，推心置腹的态度，潜在着一种人际吸引力。你以诚待人，敞开心扉，别人也会与你倾诉他的困惑，分享他的收获，主动热情地帮助你。久而久之，你会在坦诚的交流中吸收各方新鲜的信息，不断拓展自己的视野，增长见识，增进友谊。人们都喜欢与那些胸怀坦荡的人交往，要在沟通对象心目中树立良好的自我形象，简单易行的办法是设法让别人熟识你。

名片效应的运作方式

掌握名片效应，对于人际交往以及处理人际关系具有很大的实用价值。在运用中需要把握两个要点：

（1）捕捉对方的信息。善于分析和把握对方的心理需求和真实态度，寻找相互能够认同和接受的观点，抓住对方的兴趣点和兴奋点，经过充分酝酿和准备，提前制作一张有分量有吸引力的"名片"。

（2）寻找有利时机。恰到好处地向对方出示自己根据"名片"打造出的形象，有意识、有目的地向对方表明自己的态度和观点，如同名片一样把自己介绍给对方，传播一些对方熟悉并喜欢的观点或思想，悄然地将自己的观点和思想渗透进去，使对方感到双方思想和观点的近似性，在心理上疏通彼此沟通的渠道。

名片效应的实例

案例：老教授的开场白

一位年近花甲的教授应邀给近百名基层团干讲课。他即兴作了一段开场白："刚才走进教室，有不少同志带着诧异的目光看着我。我已经解读出目光中的疑虑——这样大的年龄差距，我们能有效交流吗？是的，我与大家确有不可比之处。先看头发，在座的是茂密森林、郁郁葱葱，我却是植被破坏、荒山秃岭；再看脑门，在座的天庭饱满、油光锃亮，我却是额头灰暗、波浪滚滚；最后看面部，在座的平平展展、细皮嫩肉，我却是粗粗拉拉，似马赛克。说白了，我的年龄甚至比你们的父母还大。不过我们也有共同点，据有关方面最新研究，人有两个黄金年龄，一个是28岁左右，一个是55岁左右。尽管有生理年龄和心理年龄之别，但毕竟都是黄金年龄。现在，我给大家用原调唱一首歌吧。唱什么歌呢？我们常说，学校是我们的母亲，今天我们坐在教室里，等于又回到了母亲的怀抱。就唱一曲《母亲》吧，请大家鉴赏一下，我是不是处于黄金年龄段。"近乎专业的歌声，字正腔圆，带有磁性，充满青春活力，引发全场共鸣，场中从头至尾掌声不断。教授与团干一下子拉近了心理距离，一天的课程上下互动，相互呼应，收到了很好的效果。

名片效应的启示

名片效应实际是一种沟通的技巧。掌握"心理名片"的应用艺术，恰当地使用"心理名片"，可以尽快拉近心理距离，建立良好的沟通渠道，对于人际交往具有很好的实用价值。

（1）学会自我暴露。自我暴露作为自我认知的一种方式，就是运用语言的和非语言方式，把有关自我特性的深层信息传递给别人，倾诉自己的想法，展示自己的行为，让别人最大限度地了解自己，进而通过别人的反应和自己的观察认识自己。从自我形象的"窗格"特性来说，自我暴露实际上就是自我从盲目区域、秘密区域、未知区域向开放区域转化的过程。正是这个道理，日本一位青年心理学家把"在别人面前如实地表现出自己的本来面目"这种"自我暴露"，称之为"认识自己改造自己的最简单最可靠的方法"。我们不妨这样想一想：如果自己的真正能力、欲望、性格能如实地表现出来，以本来面目出现在别人面前，既没有掩饰和保留，也不怕暴露缺点，诚诚恳恳，坦坦荡荡，沟通还会有什么障碍吗？

（2）信守相互性原则。名片总是"流通"于一定的场合，"发放"给一定的对象，并且遵循着"相互性"的对等交换规则，我给你名片，你有名片也应给我，若无名片也需自我介绍。同样，自我暴露的"名片效应"也受"相互性"的对等交换规则制约，当个体的自我暴露与对方处于相同水平，才能使对方产生好感。

运用名片效应需要注意的问题

要使"自我暴露"真正收到"熟识吸引"的最佳"名片效应"，需要以相互了解、相互理解、互相接受为宗旨，在沟通中把握好场合性、相对性、对等性、过程性和适度性。

（1）把握场合性。名片是在特定场合或相近信息流通中的信物。运用名片效应要注意合适的场合。不敢想象，谁在马路上会向匆匆来去的陌生行人乱发名片。场合不对，事倍功半。

沟通篇

119

（2）把握相对性。"制作名片"要知己知彼，清楚沟通的目的和目标，明白沟通的对象是谁，有何需求，更要明确自己的角色和沟通的主题。交换名片要看对象、要讲目标，过于随意，不着边际，不入正题，这样的沟通十有八九要失败。

（3）把握对等性。一方暴露过多，另一方也要做出回应。自己掖掖藏藏，却要求对方多多暴露，对方便会感受到心理威胁，引起知觉防卫，拉远相互间的心理距离。

（4）把握过程性。自我暴露会引起"泛化"的反馈作用，一方的亲热往往会引起另一方的热切反应。但是，这种"瞬息亲热"也可能是对方内部情感的表面现象和扭曲形象。自我暴露过早，涉及太深，往往不会招人喜欢，甚至让人讨厌。自我暴露必须把握好节奏和速度，缓慢到对方不感到惊奇的程度为宜。俗话说："路遥知马力，日久见人心。"良好的人际关系需要时间的检验，我们在沟通交往中既要注意短期效果，更要追求长期效应。

（5）把握适度性。自我推销时要注意对方的感受和回应，发现对方对你的坦诚不感兴趣时，应该立马打住或更换话题，若是视而不见，仍然滔滔不绝下去，必定费力不讨好，对后面的沟通造成障碍。

31. 和声效应

一个声音或异口同声并非绝对的好事，畅所欲言、各抒己见、集思广益的结果可能产生优美的和声。

和声效应的由来

当我们听音乐时，脑海中印象最深的是"旋律"部分。再仔细欣赏，你会听到除了旋律之外的和声。和声实际是多种声音的有机组合，它决定和提升了音乐的品味。

现代企业人才济济，层次参差不齐，驾驭企业这艘大船的"舵手"必须有很强的协调能力，能广开言路，集思广益，凝聚众人智慧，使决策意见更科学、更可行。从而将各种力量拧成一股绳，使企业在市场经济海洋中全速前进。这种现象称为和声效应或和弦效应。

和声效应的哲理

和声效应是指企业大到战略决策、小到具体问题的决定，都能广泛发扬民主精神，集中众人智慧，提高决策、决定的质量。和声效应是领导水平和能力的试金石。

（1）决策决定成败。决策是管理者的一项重要职责。管理学所讲的决策，是指管理者为了实现一定的目标和在处理管理中的实际问题时，从几种方法或几种行动方案中选取效益最大、损失最小的方法或方案的活动。它既是静态的领导决定，又是动态的决策过程。决策是决策者经过考虑和比较，对未来应该做什么和怎样做而做出决定。任何人都不能预知未来，在很大的程度上，决策的优劣意味着领导的成功与失败，尤其是在市场经济的条件下，企业决策的正确与否是决定企业兴衰成败的关键。1978年诺贝尔经济学奖获得者、著名管理学家西蒙曾经断言："管理就是决策。"成就一个企业，需要100%的决策正确，而毁掉一个企业，有时只需要一个错误的决策。

沟通篇

(2) 决策彰显素养。除了在一定程度上受外部条件制约外，企业的决策主要是由企业高层管理者决定的。高层管理者的决策行为，包括判断能力、组织能力、预测能力、协调能力以及总经理个人的价值观和行为偏好等。其中，总经理个人的价值观和行为偏好对决策行为起着不容忽视的重大影响。企业"一把手"在班子中处于核心地位，起着方向上的引导作用、决策中的主导作用、用人上的关键作用和班子中的凝聚作用，负有总揽、驾驭全局责任，是决定经营好坏与班子优劣的关键所在。"一把手"民主作风差，大权独揽、专断霸道，搞家长制、一言堂，必将导致决策和经营失误，使管理者之间产生矛盾，不利于企业发展与和谐。"一把手"民主作风浓，注意倾听群众意见，汇聚群体智慧，企业的思想就统一，员工的积极性、创造性就会被充分调动起来，企业就会得到不断发展。

和声效应的实例

案例：日本企业的集体决策

在日本，企业普遍采用 U 型决策管理模式，不论企业的上层、还是中下层，都可以提出企业发展的决策意见，经过分析论证，提交企业上层决策。

企业内部做出决策多数是采取会议或者禀议的方式进行。会议中做出的决策，由于是通过复数成员来观察判断问题，因而避免了仅靠个人决定带来的危险。禀议制度是组织内部成员（起草者）在处理某些问题时，记述下起草事宜（计划方案），做成禀议书，在相关部门间传阅，顺次盖章、反馈意见，再传回到起草者修改，使起草事宜完全得到承认的一种制度。禀议制度在日本的企业、政府机关及其他团体已经普及。通过禀议，可以避免由起草者个人主观决定而带来的危险。禀议制度是一种集体决策方式，同时也是一种报告制度，起到了加强交流的功效。上级领导和相关部门即便没有收到报告，但是通过禀议书，也可知道企业内部何处发生了问题、如何处理问题。禀议制度带有下级对上级领导履行职能的性质，也是业务人员制定计划及参与决策的好办法。

日本企业的决策方式是一种自上而平和、自下而互相结合的集体决策形式，员工参与意识强，工作完成顺利，被视为日式管理的长寿基因之一。

和声效应的启示

意见的高度统一并非是好事，畅所欲言、各抒己见、集思广益的结果可能是优美的和声，而取得和声效应的有效途径是群体决策。

（1）重视和坚持群体决策。群体决策之所以广泛流行，是由于群体决策具有以下几个明显的优点：首先，群体决策有利于集中不同领域专家的智慧，在决策方案贯彻实施之前发现和解决问题，提高决策的针对性、准确性和可行性。其次，决策群体的成员来自于不同的部门，从事不同的工作，熟悉不同的知识，掌握不同的信息，能形成互补性，提出更多的令人满意的行动方案。第三，决策群体的成员具有不同背景、经验，选择、收集的信息和解决问题的思路各不相同，分析和思考问题全面。第四，群体决策容易得到普遍的认同，在实施中也容易得到各部门的相互支持与配合，有利于提高决策实施的质量。最后，群体决策有利于使人们勇于承担风险。据有关学者研究表明，在群体决策的情况下，许多人都比个人决策时更敢于承担风险。

（2）提升群体决策能力。不论影响决策的因素有多少，要进行理性的、有效的群体决策，关键在于提高民主决策能力，树立民主决策意识，改进工作方法和工作作风，形成良好的领导风格。处理好施展个人才华与发挥集体智慧的关系，杜绝以职务代替决策的现象，是领导者需要高度重视的问题。个人能力不等于整体素质，班子成员凝聚起来了，大家的智慧集中起来了，才能产生 $1+1>2$ 的效果。"班长"不是"家长"。班子成员在政治上是平等的，在讨论问题时个人意见只能是"一家之言"，在决定问题时同样只有一票的权利，"一把手"与其他人的一票应该是等值的。要力戒"一言堂"，防止个人包办专断。领导者的角色定位准了，就要从完善领导制度、工作机制抓起，进一步规范民主议事决策程序，促进民主集中制的落实，形成群体决策的习惯和风格。既然是群体，就要允许有不同声音的出现，切忌以"表决"当"解决"。员工在参与群体决策时，能增强"主人翁"意识，关心企业发展，为企业献计献策，形成人企合一、和谐共生的企业境界。

（3）摆正领导者的心态。一些企业的主要领导者总是喜欢对自己言听计从的助手和下属，希望自己的意见得到不折不扣地贯彻执行，但是，一个人再聪明，再有水平，对事物的认识总是会有缺陷。这就是人们常说的智者千虑、必有一失。因此，一个好的领导应该是能够集众人智慧于一身的人，保证自己的决策不会因为个人的局限而有失偏颇。如何集众人的智慧于一身？这就需要摆正心态，放下架子，广开言路，从善如流，做到知无不言、言者无罪。如果对不同意见或者建议不屑一顾，甚至常常以各种理由将下属的一些合理的建议拒之门外，这样固然可以通过领导者的权威使下属的"野性"丧失殆尽，但也同时把自己的视野封闭了起来，于工作并没有什么好处。

运用和声效应需要注意的问题

（1）正视群体决策的不足。群体决策虽然具有明显的优点，但也存在着一些问题，如不妥善处理，就会影响决策的效率和质量。群体决策容易出现的问题主要表现在三个方面：首先，群体决策过程可能陷入盲目讨论的误区之中，优柔寡断，浪费时间，降低决策速度和效率。其次，有可能为个人或子群体所左右。群体决策成员在决策中处于同等的地位，可以充分地发表个人见解。这种状态很可能出现以个人或子群体为主发表意见、进行决策的局面。第三，关心个人目标，忽视全局目标。不同部门的管理者可能会从不同角度对不同问题进行定义，对自己部门相关的问题非常敏感，很可能发生偏离整体目标而侧重个人目标的情况。

（2）不要简单地把西方的决策模式定位于个人决策。西方决策强调过程的科学性，通常是在充分调查研究的基础上，由内外部的专家对需要决策的事项进行多方案的论证和比较，优选出最佳方案，企业高层领导拍板已是水到渠成的事情。这与我们所指的"一言堂"有着本质的区别。

（3）不要全盘否定个人决策。群体决策与个人决策比较，各有优点，也有不足，适用于不同的决策事项。（如图）

群体与个人决策的比较图

方 式	个 人 决 策	群 体 决 策
速度	快	慢
准确性	较差	较好
创造性	较高。适于工作不明确，需要创新的工作	较低。适于工作结构明确，有固定程序的工作。
效率	任务复杂程度决定。通常费时少，代价高	费时多，但代价低。效率高于个人决策
风险性	视个人行事风格而定	视群体性格（尤其是领导）而定

32. 教练效应

对企业来说，只有伯乐是不行的，会驯马、用马的"驯马师"更重要、更难得。

教练效应的由来

在体育项目训练中，教练员既要教，又要练。一名篮球、足球或是体操教练，要带着队员每日训练，讲动作要领，甚至手把手地传授技艺，不时引导他们总结和提高。还要关心队员的衣食起居，教他们如何做人。上场前，教练给队员减压、打气加油。在赛场上，细心观察形势，迅速调整部署，引导队员夺取胜利。比赛结束，要安慰、要鼓励，还要制定新的训练计划。教练对他的队员们有深挚的爱，有苛刻的严，但最多的还是一份深深的期待：期待他们能在训练中成长与成熟起来。当队员们的能力超越自己的时候，他没有半点嫉妒，而是充满了成就感，为他们的成长进步喝彩；他们走上领奖台的时候，他默默地站在台后，为他们骄傲，甚至流出激动的泪水。教练对队员百般呵护，精心指导，情同手足。

把这种方式运用到企业管理中，便有了教练式领导的说法。教练式领导的特点是：有丰富的经验和长者风范，善于对员工进行培训与激励，给他们布置任务时，教他们完成工作的方法，在他们遇到困难时及时给予鼓励、指导和帮助。他把爱和严揉和在工作之中，创造了一个有利于员工成长进步的环境，让员工充满激情而快乐地工作。他打造出的具有凝聚力和成长力的团队能取得令人称赞的业绩，是企业的中坚力量。

这就是我们崇尚的教练效应。

教练效应的特点

领导者有各种风格。命令式领导是"照我说的做"，榜样式领导是"像我这样做"，愿景式领导是"跟我一起做"，关系式领导是"你们商量着做"，民主式领导则问"你想怎样做"。教练式领导最特别,是"有你有我,我教你做"。可以说,教练型的领导最具魅力,更值得推崇。教练型领导在管理中主要凸现四个特点:

(1) 教工作技能。教练型领导精通业务,善于分析,最清楚每个人员的技能水平和培训需求,能有针对性地对员工传授技巧和方法。对新手不会下完命令就甩手不管,而会给予适当的指导,或安排其他人引领新手,帮助他们完成任务。还会组织员工进行交流,或采用轮岗方式,拓展他们的知识面,帮助员工认清成长方向、设计职业发展规划。

(2) 带工作作风。教练型领导既重言传,又重身教,向员工传递一种工作态度与风格。教练型领导自身兢兢业业、热爱学习、思维活跃、开明坦荡,善于时间管理,注重合作与倾听。这些优秀的职业素质会在工作中不断传递给员工,随着每个人素质的提高,就会培养出一支充满激情、拼搏奋进的团队。

(3) 传信念与意志力。教练型领导会把自己对事业的信心与执着,面对困难的坚强态度,生活中乐观、积极、认真、平和的处事方法和艺术,直接或间接地传授给员工,引导员工加强情商修炼,建立起自信心,增强工作与生活的勇气与韧劲,掌握人际交往的技艺,这不仅有益于工作,也将有益于生活。

(4) 靠人格魅力。教练型领导心地善良,既有丰富的专业知识,又有员工期望的理解、尊重、容忍和耐心,希望看到下属的成长,以为企业、为社会培养优秀人才而骄傲。领导者的权威来自于三个方面:权力权威、专业权威、人格权威。既然是领导者,权力权威自不必说,但它来得最简单,也去得最容易。而一名教练型领导所拥有的,是专业权威与人格权威,这是一名领导者的魅力所在,是令人十分佩服的!

教练效应的实例

案例:王主任带秘书

办公室王主任接到写一份报告的任务。如果自己写,快捷而又简单。考虑到时间比较宽裕,便想借机锻炼部属的写作能力,安排马秘书写出报告直接向经理汇报并抄送给自己,也有在经理面前举荐马秘书之意,这对马秘书的鼓舞相当大!

王主任将报告的提纲交给马秘书,允许他在此基础上增加或删减。要求马秘书在4小时后提交草稿(即使写到一半,也要提交)。

第5个小时,王主任与马秘书一起分析草稿,肯定了这份草稿,也对其中一部分内容提出了修改意见,强调这只是建议,而非命令。然后让秘书过 8 小时后再来找自己。马秘书准时提交了第 1 稿。

第 17 个小时,主任读完稿子,约秘书座谈,对第 1 稿的修订意见进行了汇总。马秘书记录下主任的意见,思考如何将报告修改得更加完美一些,形成第 2 稿,提交给主任。

主任在读完第 2 稿后,想到还有一些新的思路可以加进来,对秘书交待了新思路。秘书添加这些内容形成第 3 稿。

主任阅读后,发现秘书在添加时弄错了地方,文稿不通顺。于是,再次让秘书过来讨论报告,提出修正要求。秘书形成第 4 稿,发 EMAIL 给主任。

主任精炼了第 4 稿报告上的语句,修改了标点符号、错别字。要求秘书收到邮件后,仔细阅读这些修改之处,思考改动原因。然后,由秘书直接向经理发 EMAIL 汇报并抄送给自己。

这就是一次完整的教练过程。经过多次类似过程的积累,马秘书的写作能力提升很快,屡屡受到上司的表扬和同事的好评。

教练效应的启示

随着时代的进步与发展,教练效应越来越为众多的企业重视,企业呼唤有更多更高明的教练,形成一支高素质的教练团队。

(1) 转变观念,把管理做成教练。"领导者"与"管理者"有明显的区别。领导者突出"导"和"理",管理者强调"管"和"治"。有个形象的比喻,你牵了一头马到河边,你希望它喝点水,它不肯,你就用手强迫它喝。这就是管理者的举动,而领导者就会想着,如何让马自己愿意喝水。一个成功的中层或高层管理者应该身兼两种角色,既是管理者,又是领导者,多花时间思考如何激励、引导、评估部属,以利于部属的绩效提升。除了工作方面,管理者还应该关注部属的个人成长,包括部属的协调能力、沟通能力、写作能力、表达能力、知识转化能力等,甚至部属的个人职业生涯等,分析部属的优势才干,鼓励部属积极发挥自己的长处,将 80% 的注意力放在如何进一步发挥优势上面,20% 的精力放在改善劣势方面(二八比例,帕累托法则),取长补短,达到平均水平。作为教练,会定期要求运动员就某一动作进行练习,企业中同样如此;教练在比赛时会叫暂停,然后重新布署战术打法,企业管理者带队伍,落实目标,也要适时调整方略,求得佳绩。

(2) 积极实践,努力实现从管理者向教练的转变。首先,教练式领导要"教",就要做内行。英特尔公司前 CEO 格鲁夫说过:"一个教练应该曾经是个好选手，不仅要教队员怎么做，还要教为什么这样做。"其次，教练式领导要"练"，注重发挥每个员工的优势，把单位或部门凝聚成和睦合作的优秀团队。管理者面对的不是机器，而是企业最可贵的资源——人。教练型领导要尊重人，关心每个人的成长，用正确的心态对待工作、对待同事，能清醒地认知和控制自己的情绪。还要懂一些心理学，认识到员工被什么样的固有思维所有，如何引导他们打破固有思维，创新地工作。懂得如何激励员工，帮他们走出工作的困境，走出思想的谷底。当员工出色地完成任务时，教练型领导要表示赞扬与祝贺，就如同每一位体操运动员走下赛场，都会得到教练的拥抱一样。这样的鼓舞会让员工增添动力。

运用教练效应需要注意的问题

不要忽视"管"。管理者充当教练角色，应当以教、练和理为主，以管和控为辅。但辅助的东西不是弃之不用。运动员违纪违规，教练要按照规定给予处罚。成功的教练型管理者应该既理又管，学会多管齐下，特别是员工素质尚未达标的时候，不可轻视或忽视纪律的保证作用。不然的话，队伍一盘散沙，教练的工作无法开展。

教练要有真才实学。教练型管理者必须为人师表，凡是要求员工具备的思想、品德、技能，教练都要具备，而且能为员工做出示范。这就要求管理者克服浮躁心理，坚持学习在先，修炼在先，实践在先，提高在先，具有真才实学，才能成为名副其实的教练。

33. 禅师效应

身教重于言传，己身正，不令而行；己身不正，虽令不从。

禅师效应的由来

禅师效应来源于两则小故事。

故事一：有一位住在山中茅屋修行的禅师，晚上散步归来，看见小偷光顾自己的茅舍，找不到任何财物。他怕惊动了小偷，便脱下自己的外衣，站在门口等待小偷出来。小偷出来遇到禅师，正感到惊愕之时，禅师说："我的朋友，你大老远的来探望我，总不能让你空手而归呀！夜深了，带上这件衣服避寒吧！"边说边把衣服披到小偷身上。小偷满脸羞愧，低着头溜走了。禅师望着小偷的背影消失在山林之中，不禁感慨地说："可怜的人！但愿我能送一轮明月给他，照亮他下山的路。"

第二天一早，禅师一觉醒来，睁开眼睛就看到他送给小偷的外衣被整齐地叠好，放在门口。禅师高兴地说："我终于送了他一轮明月！"

故事二：在仙崖禅师的禅院中，有一个贪玩的学僧，耐不住寺院的寂寞，常常在傍晚时分偷偷溜到后院高墙下，架起一张高脚凳，翻墙出去玩耍。

仙崖禅师发现后，没有惊动任何人。一次，学僧又翻墙出去了，仙崖禅师随后将凳子搬到一边，自己坐在墙下，等那学僧归来。夜深人静，学僧尽兴归来，从墙上翻下时感觉到脚下的凳子变软了。定睛一看，原来是踩在仙崖禅师肩上，顿时吓得魂飞魄散，跪在地上不敢言语。仙崖禅师把他拉起，安慰道："夜深露重，小心着惊，快回禅房休息去吧！"

学僧心中忐忑不安，夜不能寐，担心禅师会当着所有学僧的面惩处自己。但时间一天天过去，禅师从来不提此事，更无他人知晓。学僧深感惭愧，再也没有私自外出，而是潜心修行，终成一代名僧。

两则故事有异曲同工之处：两位禅师没有严厉的批评训斥，也没有谆谆教导，只是用心沟通，用行动影响对方，收到奇效。

在企业管理中，不少管理者也像禅师那样，教育人不是惩戒，不是怒吼，不是苦口婆心，也不是放任不管，而是通过行动和形象的暗示，感化人，启迪人，转化人，效果却非常好。这种现象称为禅师效应。

禅师效应的哲理

禅师效应深刻阐释了"身教重于言传"的哲理。

（1）身教是感化人的主要途径。对待不良现象，大致有五种境界：第一种境界，明哲保身；第二种境界，斥责与鞭打；第三种境界，抓住不放；第四种境界，苦口婆心地教育；第五种境界，如禅师那样，注重身教，用形象感化，引导其洗心革面，改邪归正，重新做人。这是教育人的最高境界。不少禅师认为，佛家要用自己良好形象感化周围，不是用语言去要求谁，单纯的说教有时显得苍白。教育他人，首先要自我度化，当自身形象能感化周围时，就会度无量众生。

（2）领导光彩照人，员工群星璀璨。就某种意义上说，感化力就是文化力，是企业管理中一种强大的软实力。领导干部的行动最直观、最清晰，对员工具有极大的影响力和感染力，是无声的号召。领导干部的一言一行、一举一动，员工都会看在眼里，记在心里，仿效在行动上。领导者自身形象建设非常重要，实施形象感化，首先要求领导干部必须演好自己的角色，履行自己的职责，规范自己的言行，树立良好的形象，做到严于律己，率先垂范，为人师表，时时刻刻用自己的模范行动感化员工。若只在口头上讲职业道德，谈思想修养，谈遵章守纪，谈忠诚企业、爱厂如家，行动上却反其道行之，会令员工嗤之以鼻。

禅师效应的实例

案例一：领导速度就是众人速度

美国大器晚成的女企业家玛丽·凯·阿什认为，领导的速度就是众人的速度，称职的经理要以身作则。无法想象，一个不钻研和熟知商品知识的销售主任怎能开好销售会议，这样的销售主任只能在会上要求众人"照我说的而不是照我做的那样去做"。

她说："经理不但在工作习惯方面，而且应在衣着打扮方面为众人树立一个好榜样，经理形象是十分重要的……""我只在自己形象极佳时才肯接待光临我家的客人，我认为，自己是一家化妆品公司的创始人，必须给人留下好的印象。""人们往往模仿经理的工作习惯和修养，不管其工作习惯和修养是好还是坏。假如一经理常常迟到，吃完午饭后迟迟不回到办公室，打起私人电话没完没了，不时因喝咖啡而中断工作，一天到晚眼睛直盯着墙上的挂钟，那么，他的部下大概也会如法炮制。值得庆幸的是，员工们也会模仿一个经理的好习惯。例如，我习惯在下班前把办公桌清理一下，把没干完的工作装进我称之为'智囊'的包里带回家。尽管我从未要求过我的助手们和秘书也这样做，但是她们现在每天下班时，也提着'智囊'包回家。""作为一个经理，你重任在肩，你的职位越高，越应重视给人留下好的印象。因为经理总是处于众目睽睽之下，你在采取行动时务必要考虑到这一点。以身作则吧！过不了多久，你的部下就会照着你的样子去做。"

案例二：九牧王创建感化型企业

在闽南企业群中，"中国西裤大王"——九牧王以独树一帜的经营管理享誉业界。

九牧王深信：成功经营的秘诀在于成功经营人心，人心所向即是经营所向。在企业家团队的引领下，九牧王实施以"长青林文化"为核心的"牧心管理"，成效斐然。尤为重要的是，九牧王创造性地汲取中国传统文化的思想精髓，提炼出一套科学、严谨、行之有效的东方人本管理哲学——"企业感化力"。九牧王对二十年经营管理实践的梳理和总结，首次揭秘了九牧王"牧心者牧天下"的经营哲学，并系统阐释了"企业感化力"理论与"感化型企业"创建之道，包括感化力的内涵与智慧之源、感化型企业家的锤炼、感化型组织的创建、感化型管理的实施、感化型营销的开创、感化型品牌的打造等。

十几年的栉风沐雨，九牧王管理层以心交心、以心知心、以心换心，与工作伙伴们建立起贴心、靠心、暖心的深厚情谊，让每一位加入九牧王大家庭的成员身在九牧王、心在九牧王，走出了一条以人为本、以情感人，以文化心创建感化型企业的成长之路，为中国企业界奉献了一场文化盛宴。

禅师效应的启示

禅师效应对企业加强现代管理，进一步感化人、转化人、团结人具有积极的启发作用。

（1）强化感化教育。感化教育是我党进行思想政治工作的有效途径之一，也是国有企业思想政治工作的传统做法。胡锦涛总书记在党的十七大报告中指出：要"加强和改进思想政治工作，注重人文关怀和心理疏导，用正确方式处理人际关系。"感化教育是人文关怀和心理疏导的一种有效方式。所谓感化，就是用行动影响或善意引导，使人的思想、行为逐渐向好的方面转化。感化教育的原则是：以诚待人，以情感人、以形象影响人。随着时代的进步，企业员工队伍的结构发生了重大变化，最明显的趋势是知识化。知识性员工的主要特点是习惯于自我管理。强化感化教育，重视身教，用良好的行动和形象做示范、树样板，适应了新时期员工自我管理的需要，也是管理的一种进步。

（2）强化领导自身建设。"欲正人者，必先正己。己身正，不令而行；己身不正，虽令不从。"古人的训诫使我们受益匪浅。在日常管理中，有的管理者如手电筒，只照别人不照自己。视他人的短处如洪水猛兽，而对自己的缺点、毛病、错误，则文过饰非，顾左右而言他，这是当今社会浮躁的一个症结。真正高明的人应该重于责己，宽以待人。孔夫子"吾日三省吾身"，诸葛亮因用人不当而导致街亭失守之后自贬三级，曹操割发代首……无不说明，善于责己者，虽然是细疵微瑕，也要昭彰于天下。正因为敢于严厉解剖自己，勇于承担责任，不饰非，不诿过，才使得人们不但不会怨恨，相反还会倍加钦佩与敬仰。

运用禅师效应需要注意的问题

（1）综合运用感化方法。企业管理中的感化教育主要有五种方法：①疏导感化，用讲道理的方法来感染职工，把他们的思想和行为引导到正确的道路上来；②信任感化，以相互信任的状态，在与被教育者的自然交往中，通过语言与行动使其受到感染和启发；③地位感化，确立员工在企业中应有的主人翁地位，树立主人翁意识，增强责任感；④关怀感化，关心职工成长，真心实意地为其排忧解难，以此影响其思想；⑤形象感化，领导者用自己勤政廉洁、克己奉公、率先垂范的形象教育和感化职工，使其受到鼓舞和激励。这些方式方法是辩证统一的，在企业管理中应因人、因事、因时、因地制宜，权衡轻重、随机应变地运用，力求收到良好的效果。

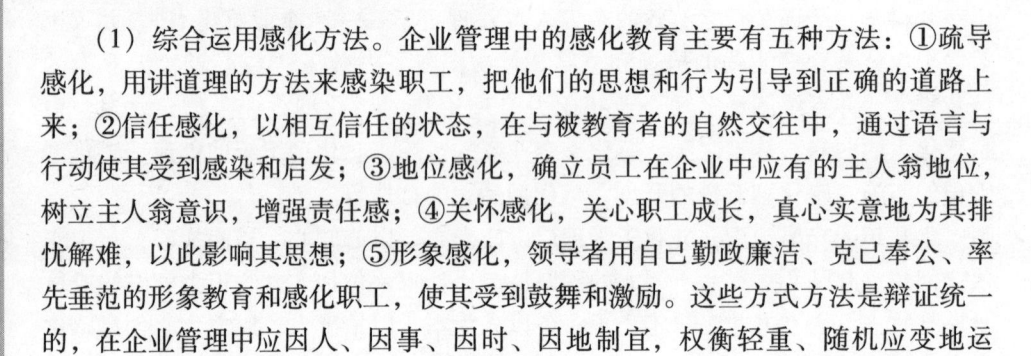

（2）力戒狂言。管理者运用禅师效应，并不是说对他人的是非功过就不可评价和指责，对某些人的秽语败性就不可追究。关键在于把握好度，处事要审慎。非批评不可的，责人之先，应认真地验证自己，察看自己评判事物的立场、观点是否合于情理，须审视自己的责人之辞是否偏激，口出狂言，只能招致怨愤。与其轻言责人，还不如反求诸己。

34. 二十一天效应

新理念、新习惯的形成，如同鸡蛋孵化小鸡一样，一般需要21天。

二十一天效应的由来

二十一天效应的理论基础源于一位整形医学专家马尔茨博士。他发现对于截肢患者来说，手术后的头21天，他们往往不适应已经失去的身体部分，经常仍然能"感觉到"它的存在。而21天后，他们就不再无意识地要去"使用"它了，已经习惯了他们截肢后的状态。经过大量现实事例的验证，绝大多数人可以用21天的时间打破或养成一种习惯。

在行为心理学中，人们把一个人的新习惯或理念的形成并得以巩固至少需要21天的现象，称之为二十一天效应。

研究表明：21天以上的重复会形成习惯；90天的重复会形成稳定的习惯。这就是说，同一个动作或一个想法，重复21天，或者重复验证21次，就会变成习惯性的行为和想法。

二十一天效应的哲理

如同鸡蛋孵化出小鸡一样，二十一天效应体现了思想观念演变和更新的过程，这就是人们常说的持之以恒就能成功的道理。

（1）旧习惯、旧理念对新习惯、新理念形成的干扰。中国有句古训：江山易改，本性难移。旧习惯、旧理念是长期形成的，往往是根深蒂固的。新习惯、新理念的形成容易受到旧习惯、旧理念的干扰。在旧习惯、旧理念干扰下学习一种新理念或形成一种新习惯，实际上是对潜意识进行一场革命。由于意识具有相对的稳定性，已经形成就比较顽固，要把旧习惯、旧理念从潜意识中拿掉，置换新习惯、新理念，不是一朝一夕可以完成的事。可见，一个新理念或新习惯的形成是与旧习惯、旧理念的干扰有密切关系的，这也可以说是产生二十一天效应的主要影响因素。

沟通篇

(2) 理念与习惯的形成需要一个过程。我国成功学家易发久和美国心理学家凯尔曼的研究认为，新观念、新习惯的形成需经三个阶段：第一阶段，顺从。即表面接纳新理念，而实质上未发生任何变化。此时，最易受到外部影响。第二阶段，认同。即在心理上主动接纳新理念、新习惯的影响，不再是被动的无奈的，而是有意识地认同和接受。第三阶段，内化。此时新理念、新习惯已经完全融于心中，形成潜意识，可以自然而然地发挥作用。

(3) 新理念、新习惯的形成需要不断地重复。二十一天效应不是说一个新理念、新习惯只要经过21天便可形成，在这21天中，这一新理念、新习惯要不断地重复才能产生效应。这也是现在许多广告不断播报的原因所在。同样，旧理念、旧习惯的改变或消退也同新理念、新习惯的形成的机理基本一致。两者是此消彼长、破与立同步的，旧理念、旧习惯的破除同样需要21天才会产生效应。

二十一天效应的实例

案例：微软的新员工培训

每一个进入微软公司的新员工，都要接受为期一个月的封闭式培训，单是如何接电话，微软就有一套手册，并要求技术支持人员拿起电话，第一句话一定是："你好，微软公司！"一次，微软全球技术中心举行庆祝会，员工们集中住在一家宾馆。深夜，某项活动日程临时变动，前台服务员只得一个一个房间打电话通知，第二天她惊奇地说："你知道吗？我给145个房间打电话，起码有50个电话的第一句是'你好，微软公司'。"

二十一天效应的启示

二十一天效应对企业开展思想教育、传输新理念十分重要。企业中许多不良行为习惯、错误观念难以改变，新理念、新习惯难以形成，与没有按照二十一天效应的规律办事有直接关系。

(1) 重视改变，求新求好。21世纪是快变多变的时代，不仅知识在变，产品在变，需求在变，而且人们的思想观念和社会文化也在变。管理者要引导员工高度重视学习、接受新思想，注意言行、习惯的转变，打破陈规陋习，培养好习惯、好性格、好作风，使自己的事业不断走向成功。

(2) 增强欲望，树立信心。有欲望才会进取，有信心才会坚持。行为科学研究表明，一个人一天的行为中大约只有5%是非理念、非习惯行为，而95%的行为都受理念支配，都属于习惯性的行为。要形成良好的新理念、新习惯，首先要激发自己改掉旧习惯的欲望，使改变旧习惯的欲望比固守旧习惯的欲望更强烈，这样就成功了一半。

（3）循序渐进，潜移默化。改变观念、改变习惯是一件令人极不舒服、极不情愿的事。我们不能因不情愿不舒服就放弃，也不能寄希望于一次谈话、一次讲座、一篇文章就让员工扭转观念，改变习惯，那是不切实际的。过去，企业在转化员工工作习惯方面，总是面临巨大的阻碍。大量实验与实践证明，只要不断重复，理念、习惯是可以改变的。问题的关键是持之以恒，循序渐进。所以，改变员工的理念、习惯，一定要遵循二十一天效应的规律，不能急于求成，更不能蛮干。通过21天甚至21天以上的坚持，一定能够确立新的理念，养成新的习惯。

运用二十一天效应需要注意的问题

（1）破除自然论。二十一天效应体现了新的思想、习惯形成的一般规律，但这种转变不是自然而然的。要使这条规律发生作用，需要管理者发挥主观能动性，积极主动地工作，坚持不懈地做工作，不能顺其自然。

（2）做好21天以后的工作。二十一天效应只是新理念、新习惯的初步形成，还处于立足未稳的状态。由于社会思想的复杂性和思想建设的长期性，新理念、新习惯容易出现反弹，需要我们持续做工作，使新理念、新习惯根深蒂固。

35. 上朝效应

企业的沟通需要有序化、规范化。

上朝效应的由来

上朝原指君主到朝廷上处理政事或臣子到朝廷上拜见君主奏事议事的活动。五代以后常有这样的情况：早朝时，皇帝并不上殿与百官见面，而是将宰相或首辅等一些重臣召入内殿开小会。小会开完后，宰相出来，领着百官在殿廷行礼后，宣布退朝。

在管理心理学中，人们把由于定期沟通而引发的积极心理效应，称之为"上朝效应"。

上朝效应产生的原因

（1）沟通的利益互惠作用。通过"朝礼"活动，员工为公司出谋划策，把自认为最佳的提案呈给公司，公司就可以得到数以百计的好提案与"金点子"。"朝礼"活动中为献计献策的员工颁发奖金、纪念品，满足了员工的成就感，可以凝聚人心，激励员工奋发向上，更好地发挥积极性、创造性，这是一个双赢互惠的方法。

（2）沟通的信息互知作用。在"朝礼"活动中，职工们可得知公司经营情况、职工的提案信息，达到双方信息互知共享，做到同心同德、同言同行。

（3）沟通的情感共鸣作用。董事长、总经理在"朝礼"活动中对每一个参与"改善提案"的职工有所回应，产生的情感共鸣作用是巨大的，极大地增强员工的归属感和责任感。

（4）沟通的价值取向作用。员工为公司出谋划策，应该得到怎样的回报，这不是某一人说了算，而应该依据提案产生效益进行价值判断，经过公司提案审查委员会和提案推进会评估。这种活动使员工明确了价值取向。

上朝效应的哲理

上朝效应是企业沟通制度化的形象概括，蕴涵着深刻的哲理。

（1）沟通需要途径。上朝是上下沟通的有效途径，而且是主要途径。帝王不用出门，就能够上下结合，互通信息，达到下情上传、上情下达，节奏快，信息量大，效率高。若是"从此无早朝"，帝王失去信息源，离政权崩溃或王位更迭就不远了。企业管理与国家管理的道理相通，因此上朝效应则显得尤为重要。

（2）沟通需要制度。制度是一种"游戏规则"。更规范地说，制度是构建人类相互行为而人为设定的约束，可以保障管理的有序化、规范化。古代上朝，什么人参加，什么时候上朝，研究什么问题，都有明确的规定。企业的沟通同样需要有序化、规范化，要有具体的约定，形成有效的例会制度。

上朝效应的实例

案例：思丹雷公司的"朝礼"

思丹雷公司是日本最大的汽车灯具、仪表制造公司。这家公司推行了"改善提案"活动，他们每月进行一次班前例会，也就是"朝礼"。由总经理总结上月的本公司工作情况和今后工作的安排，介绍市场情况的变化。同时，由董事长和总经理向参与"改善提案"活动的职工发奖。每次"朝礼"都有员工手捧奖金和纪念品出现在主席台上，由董事长和总经理向他们一一鞠躬致敬。一些呈交了提案但未被采用的员工，也会得到一份小礼品。这种"朝礼"的方法，极大地激发了员工的工作热情，在开发新产品和新市场中起到了很大的作用，使思丹雷公司长盛不衰。

上朝效应的启示

学习和运用上朝效应，企业可以在建立健全必要的会议制度方面下大功夫。

（1）建立议事例会制度。所谓例会制度，就是人员固定、内容固定、时间固定的会议。比如公司的营销例会，由业务老总主持，各市场营销经理参加。会上由各市场经理分别汇报交流上月市场动态和工作开展完成情况，并针对工作中存在的问题和不足以及提出解决问题的方案、措施。建立月度营销例会制度，可以通过回顾每月工作，总结经验教训，整改工作不足；通过分析市场状况，确定本月销售重点难点，理清营销工作思路；通过表彰先进，树立榜样，促进营销人员素质的提升，开创市场营销的新局面。

（2）增强领导者的沟通能力。领导者要善于利用工作例会，加强交流沟通，推动工作开展，切忌以精简会议为由，把必要的会议制度无情地砍掉。要改变用权独揽、决策单干、做事武断的习惯，将许多问题拿到会议上讨论研究，让与会人员畅所欲言，集思广益，采纳众人智慧，做民主决策和科学决策，提高决策的可行性。领导者掌控会议要善于倾听各种意见，允许讨论和争论，充分调动参会人员的积极性。"灯不拨不亮，理不辨不明"，要思维敏捷，能够从混沌之中看到亮点，从辩驳之中发现真理。还要有主见，不能人云亦云，要服从正确，坚持正确，不断提高例会的质量，提高决策的质量。

运用上朝效应需要注意的问题

（1）例会制度要根据工作的实际需要建立。要避免形式主义，不能为例会而例会，而要围绕重点工作制定例会制度，一般性的工作可以不设专门的例会制度，切忌例会制度太多、太滥。要提高会议效率，避免例会开的时间过长，反而解决不了实际问题。

（2）例会制度要与临时应急会议有机结合。由于召开例会的时间是固定的，遇有特殊情况，应该及时召开专门会议研究解决，以免贻误工作。

（3）注意总结，提高质量。例会制度在执行过程中会出现这样那样的问题，领导者要善于总结，及时发现问题、解决问题，提高例会的质量。比如，有些单位实行例会制度由来已久，一些人习以为常，不够重视，显得疲沓和应付。如何调动参会人员的积极性，提高例会质量，领导者要及时研究和改进开会方法，比如会前重点安排，会中注意掌控，会后加强督查和落实等。

激励篇

金字塔效应	心情决定激情，激情决定成效
保龄球效应	赞扬比惩罚更重要
肥皂水效应	让被批评者在温情脉脉的情绪中接受批评和建议
鲜花效应	批评过分应及时送去"鲜花"
三明治效应	批评让人改正缺点，追求进步，健康成长
罗森塔尔效应	"暗示"和"期望"具有神奇魔力
一条腿效应	善用掌声，做点燃员工激情的激励大师
踢猫效应	控制不满情绪四处蔓延，避免泄愤连锁反应
花生试验效应	良好的氛围能促进事件发展
满意牛效应	造就"满意员工"是企业的第一要务
涌流效应	开启管理的按钮，让员工的激情迸发出来

36. 金字塔效应

心情决定激情，激情决定成效

金字塔效应的由来

埃及金字塔位居古代建筑史"七大奇迹"之冠，也是唯一幸存的奇迹。金字塔中最著名的是胡夫大金字塔。它占地约为 52 900 平方米，体积约为 260 万立方米。此塔由 230 万块石块砌成，每块重约 10 吨。金字塔的石块之间，没有任何水泥之类的粘合物，历经几千年的风风雨雨，缝隙仍然相当严密，一把锋利的尖刀也难插入，工艺精湛令现代人赞叹不已！连当代最杰出的建筑学家也不由得惊叹地发问：古埃及人究竟采取了什么样的施工方法，创造出如此鬼斧神工的奇迹？

长期以来，人们依据非希罗多德在《历史》中的记载，认为宏伟的金字塔是由 30 万奴隶建造的。2003 年，埃及最高文物委员会宣布，通过对吉萨附近 600 处墓葬的发掘考证，金字塔是由当地具有自由身份的农民和手工业者建造的。金字塔的建造者，不是奴隶，而是一批欢快的自由人！

第一个作出这种推断的是瑞士钟表匠塔·布克。他原是法国的一名天主教信徒，1536 年因反对刻板的教规被捕入狱。在狱中，他被强制制作钟表，结果无论用什么手段，都不能制作出日误差低于 1/10 秒的钟表，而在自己的作坊里，他能使钟表误差低于 1/100 秒。

一个钟表匠在不满和愤懑中，要圆满地完成制作钟表的 1 200 道工序，并精确地磨锉出一块钟表所需要的 254 个零件，是不可能的。金字塔建造得如此精细，建造者必定是一批怀有虔诚之心的自由人。很难想象，一群有对抗思想和懈怠行为的人，能让金字塔的巨石之间连块刀片都插不进去。

这种不靠威慑，心甘情愿、精益求精做事的现象叫做金字塔效应。

激励篇

金字塔效应的哲理

金字塔效应充分说明心情决定激情、激情决定成效的哲理。

（1）心情决定激情。心情是想的事情，激情是要做的事情。做事不仅用手，更用脑、用心、用情。有好的心情，就会有激情、有动力、有灵感；心情不好，做事没有动力，没有激情，想做好都难。

（2）激情决定成效。激情体现在工作状态上，就是自觉自愿、满腔热情、精益求精地做事。有了激情，工作起来就会勤奋刻苦，一丝不苟，不知疲倦，千方百计地追求卓越，力求完美，不在乎回报，要的就是一种释放激情的快乐。人在这种和谐心理状况下的工作效率和质量，远远高于心理不和谐状况下的工作效率和质量。

金字塔效应的实例

案例：员工用存折抵押企业贷款

黑龙江玻璃厂在破产重整过程中，企业需要注入资金才能开工。政府为企业破产已经出尽了力，银行乐于锦上添花，而对重整企业信心不足。企业需要生存，员工需要自己的企业，怎么办？员工中有人提议，我们自己为企业担保。大家一呼百应，把他们的活命钱拿出来抵押，为企业贷回一笔钱，既修好窑炉、恢复了生产，又与商业债权人成功进行了债转股的谈判。经过员工的共同努力，这家企业终于活过来了。

员工难道不知道若重整失败，他们的活命钱就会搭进去吗？回答是肯定的。而促使他们这样做的道理很简单："我们对企业有深厚的感情。"因此，在企业危急关头，员工没有四散逃命，而是将自己的命运和企业的命运紧紧联系在一起。正是员工的心甘情愿，才铸就了企业的"金字塔"。

金字塔效应的启示

金字塔效应告诉我们，企业要保持基业常青，必须下大力气开发和调动员工的积极性，切实做到"爱厂如家"。

（1）大力培育优秀的企业文化。优秀的企业文化是引领企业前行的重要力量，使员工心甘情愿地为企业付出。企业不是抽水机、抽油机，是自喷井，要使员工人人充满动力，由被动地干变为主动地干，由一般地干变为热情地干、高标准地干，千方百计成就企业，达到人企合一、形神合一的境界。

（2）把企业变成员工之家。管理者要尊重、关心员工，一心为员工着想。要尊重员工的人格，把员工当作企业的合作伙伴，使员工与企业之间的关系由书面契约变为心里契约，让员工重新找回"主人翁"的感觉。企业要尊重员工的权益，加强与员工的沟通，引导员工畅所欲言，为企业发展献计献策；认真采纳员工的合理建议和意见，增强员工的归属感。要关心员工的思想情绪，及时解决员工关心的热点难点问题，理顺情绪，化解矛盾，消除内耗，达成一致；关心员工的生活状况，尽可能地解决员工生活中的实际困难，减少员工的后顾之忧，让员工一门心思地为企业着想；关心员工的成长，想方设法为员工创造机会，帮助员工提升和实现自身价值。企业关爱员工，员工将心比心，知恩图报，必然会像对待自己的家一样呵护企业，为企业做出超值的贡献。

运用金字塔效应需要注意的问题

员工管理是一项系统工程，运用金字塔效应不可忽视管理方法的多样性和配套性。

（1）与制度建设结合。金字塔效应强调的是人的文化素养和品质，但不可忽视配套的制度建设。制度就像游戏规则一样必不可少。人的觉悟再高，没有制度作保障，激情也难以持久。千万不要强调一个侧面轻视另一个侧面。

（2）从领导做起。企业领导者一般具有双重身份，是打工者，又是投资者利益的代表。作为打工者，要更多地体谅员工的利益；作为投资人利益的代表，要站在时代的高度，站在企业发展的高度，看待劳资关系，营造人企合一、亲如一家的企业氛围。

37. 保龄球效应

真诚的赞美比批评与惩罚更重要。

保龄球效应的由来

两名保龄球教练带来各自的队员参加保龄球比赛。他们的队员都是一球打倒了7只瓶。

教练甲对自己的队员说:"很好!一出手就打倒了7只。相信你会越打越好。"队员听了教练的赞扬很受鼓舞,心里想,下次一定再加把劲,一球打倒更多的瓶子。教练乙则对他的队员说:"怎么搞的!还有3只没打倒。"听到教练的指责,队员心里很不服气,暗想,你怎么就看不见我已经打倒的那7只,心里压力越来越大。结果,教练甲带的队员成绩不断上升,教练乙带的队员成绩一次不如一次。

行为科学把针对同一事项、采取不同激励方法、收到不同效果的管理现象称为"保龄球效应"。

保龄球效应的哲理

保龄球效应是对激励管理的形象比喻和高度概括,思想深刻,方法适用,富有哲理。

(1) 积极鼓励和消极鼓励(主要指处罚)之间具有不对称性。心理学家研究证明,受过处罚的人不会简单地减少做错事的心思,反而更容易学会如何逃避处罚。而受到积极鼓励的人,会用越来越多的时间和精力,研究和提升自己的行为质量,将闪光点放大成为耀眼的光辉。

(2) 正面激励符合大部分人的心理需求。人们对于赞赏可以爽快的接受,对于指责往往千方百计地推卸。其实,希望得到他人的肯定、赞赏、赞美,是每一个人的正常心理需要。而面对指责时,不自觉地为自己辩护,也是正常的心理防卫。满足员工的这种心理需求,对员工亲切友好,经常给予掌声鼓励,员工会以良好的业绩作回报；不懂得员工的心理需求，靠发威震慑下属的管理者，也许真的能够击败他的部下，但却让他的员工心灰意冷，破罐破摔，一蹶不振，甚至软抗硬顶。

（3）正面激励是一种管理资源。赞扬对于强化人的行为具有不可忽视的重要作用。社会心理学家认为，受人赞扬、被人尊重能使人感受到做人的价值，增强生活的动力，释放自身的能量，给身处逆境的人以务求成功的决心。"称赞对人类的灵魂而言，就像阳光一样，没有它，我们就无法成长开花"。称赞不仅仅是好听的语言，也不仅仅是一种技巧，更重要的它是一种管理资源，一种精神，一种力量。特别对一个遭受人生挫折的人，别人的赞扬就像一把火炬，不仅会点燃他奋进的希望之光，而且还可能改变其一生的命运。

保龄球效应的实例

案例：卡耐基的碑文

美国钢铁大王安德鲁·卡耐基一生善于赞扬下属，而且选用的管理者也都长于赞赏员工。

卡耐基选拔的第一任总裁查尔斯·史考伯在谈论激励的感受时说："我认为，那是能够使员工振作起来的能力，是我所拥有的最大资产。使一个人发挥最大能力的方法，是赞赏和鼓励。""再也没有比上司的批评更能抹杀一个人的雄心。""我赞成鼓励别人工作。因此我乐于称赞，而讨厌挑错。如果我喜欢什么的话，就是我诚于嘉许，宽于称道。"史考伯还说："我在世界各地见到许多大人物，没有任何一个不是在被赞许的情况下，工作更卖力气、成绩更佳的。"史考伯的信条同安德鲁·卡耐基出于一辙。

卡耐基甚至在他的墓碑上也不忘称赞他的下属，他为自己撰写的碑文是："这里躺着的，是一个知道怎样跟那些比他更聪明的属下相处的人。"

保龄球效应的启示

善于赞扬和批评是管理者的重要能力。我们要学着了解人性，读懂人心；学会赞扬，鼓舞人心；真诚赞扬，赢得人心。

（1）了解人性，读懂人心——满足员工的心理需求。人们在上学的时候需要老师和家长的赞美，那时的赞美是一种鼓励；工作的时候需要同事和上司的赞美，那时的赞美是一种肯定；与朋友和亲人相处时也需要赞美，那时的赞美是对感情和人品的认可；碌碌无为和遭遇挫折时也需要赞美，那时的赞美是支持和动力。人都有一种强烈的愿望——被人欣赏，被人赞美。这是"社会人"的重要特征，是心理学家马斯诺关于人的五种需求中的一种重要需求。赞扬在企业管理中发挥着同样非凡的效力，员工因得到及时的赞扬而更具活力，创造力被激发出来，企业凝聚力会因此加强。

（2）学会赞扬，鼓舞人心——开发员工的工作激情。赞扬是对美好事物的肯定和赞美，是人的价值观的体现。赞扬不是阿谀逢迎，不是献媚，不是不切实际，赞美是一种智慧，一种外交语言，也是管理者思想成熟的表现。赞扬不是与生俱来的本能，是通过后天的学习和对自身素质的修养而形成的一种审美观。俗话说："瓜无滚圆，人无十全。"每个员工的身上都有优点也有缺点，工作中有成绩也会有不足或失误。管理者要学会发现优点，用放大镜观测和识别员工的闪光点，及时表扬，不断放大积极因素。对于一些可表扬也可批评的事情，尽量选择表扬和赞美。特别是在面对某种失败的情况下，更要善于找到积极的因素来鼓励员工。

（3）真诚赞扬，赢得人心——增强团队凝聚力。积极赞扬不仅是一种胸怀，更是一种气度，是一种修养，是一种高尚的情怀。人人都需要别人的赞美，但并不是人人都会去赞美别人。因为赞美是一种发自内心的爱，是对他人心灵的抚慰。没有爱心的人，整日只为自己的得失斤斤计较，不会去关心别人的感受，更不会去赞美别人，也无法让自己的生活过得更快乐和幸福。"保龄球效应"启示管理者，要会运用这种"教练式管理"方法，以积极的态度、真诚的赞赏，用真情实意，关心、爱护和欣赏自己的员工，让员工增强成功的欲望和信心，增强员工的归属感和向心力，使员工在团队中相互鼓励、相互帮助、共同进步。

运用保龄球效应需要注意的问题

赞扬的力量是非凡的，但是成功地赞扬也并不是一件容易的事。应用保龄球效应要因人而异、因事而异、因时而异，不可千篇一律，这对管理者自身的情感、态度和素质都有较高的要求。

（1）区别对待——因人而异。喜欢表扬是员工的共性，但具体到每个人则各有不同，如同人的口味对酸、甜、苦、辣、咸各有所爱一样，都是有区别的，有的人吃软不吃硬，有的人吃硬不吃软。表扬的模式和方法应力求适用，针对具体事件、具体时间、具体人，进行具体分析、具体对待，做到灵活把握、恰到好处。

（2）实事求是——不说假话。赞扬人要用事实说话，就事论理，避免空洞，泛泛的赞扬会让人觉得你漫不经心，不够真诚。在运用"很好"、"不错"、"你真棒"的赞美之词时，如果配上可赞扬的事实及细节，更能使赞扬变得有力、有效。赞扬人品，千万不要添枝加叶，过分夸大事实，让人听后不舒服。赞赏是掺不得假的。

（3）态度真诚——杜绝虚情假意。赞美不是谄媚，谄媚是与事实不符，甚至与事实背道而驰的吹捧。谄媚以得到被谄媚者的东西为目的，赞美以得到被赞美者的喜悦为目的。谄媚是虚伪的，赞美是真诚的。赞美也不是恭维。就某种意义上说，真诚也是领导力。没有真诚，当不成管理者，起码不是称职的管理者。

（4）及时赞扬——杜绝"马后炮"。赞扬是很讲时效的，当别人做出成绩、有了进步时，及时得到的赞扬会给他留下最深刻的印象，心理和行为上的反应是最强烈的，效果也是最好的。有时在别人还没有做某件事之前，早到的期望和信任也会产生激励斗志、拉近距离的效果。"马后炮"式的赞扬会让人觉得可有可无。

（5）赞扬要少而精——注重效果。所谓"少"，是指频繁单调的赞扬会造成接受者麻痹，反会失去赞扬效果。所谓"精"，是指赞扬要讲究方法和艺术。赞扬要单独，尽量不要当着别人赞扬一个人，那样很有可能得罪一大片；语言赞美之外的形体语言，同样是可取的赞扬方式，鼓掌、点头、微笑、热情的注视等等，不仅是有效的语言辅助技巧，有时甚至是主要技巧。

38. 肥皂水效应

崇尚"肥皂水哲学",让被批评者在温情脉脉的情绪中接受批评和建议,效果定会事半功倍。

肥皂水效应的由来

约翰·卡尔文·柯立芝于1923年登上了美国总统宝座。他有一个女秘书,人长得漂亮,可工作粗心大意,经常出错。一天早晨,柯立芝看见女秘书走进办公室,便对她说:"今天你的这身衣服真漂亮,正适合你这样年轻漂亮的小姐。"这句话出自总统口中,简直让女秘书受宠若惊。柯立芝接着说:"我相信你的公文处理也能和你的打扮一样漂亮。"果然,从那天起,女秘书在公文处理上很少出错了。一位朋友知道了这件事,问柯立芝:"这个方法很妙,你是怎么想出来的?"柯立芝得意洋洋地说:"这很简单,你看过理发师给人刮胡子吗?他要先给人涂肥皂水。为什么呀?就是为了刮起来使人不疼啊。"

柯立芝提出的肥皂水效应,把对他人的批评、辩驳、要求夹裹和隐藏在肯定或赞扬之中,减少负面作用,使对方愉快地接受对自己的批评、意见和要求。"赞扬"就是批评之前使用的"肥皂水"。这种寓批评与赞美之中的方式方法,简捷易行,既能取得沟通中的主动权,又能收到良好的批评效果。

从肥皂水效应可以看出柯立芝处世方法极为圆滑和高明,这也是一些管理人士获得巨大成功的奥秘。美国另一位前总统富兰克林说,其成功的秘诀只有七个字:"不说任何人不好。"道理简单得不能再简单,却是真真切切的处世艺术。

肥皂水效应的哲理

有人说。"批评是危险的导火索——是一种引发自尊的火药库爆炸的导火索,它引发的爆炸既会炸到别人,也会炸伤自己。"如何消除批评的危险,肥皂水效应无疑是一种绝妙的方法,不仅简便易行有效,而且蕴含着丰富的哲理。

（1）批评是进步的明灯。有批评才有进步。我们所在的社会总是存在先进与落后、正确与错误、优点与缺点，前者需要肯定和赞扬，后者需要否定和批评。否则，社会就会是非不分，混混沌沌，失去前进的标准和动力。对下属进行有效的批评是管理者的一项重要职责。

（2）批评是沟通的重要途径。人生活在群体之中，需要与他人交流，批评是沟通交流的主要手段之一。有句话："当事者迷，旁观者清。"人们做错了事，总是处于迷迷糊糊的状态。如果有旁观者及时地提醒或批评，使其清醒地认识自己的错误、缺点和不足，一般都不会一错再错了。柯立芝的女秘书愉快地接受批评后，知错改错，处理公文就很少出错了。这就是很好的例证。

（3）批评是手段，更是艺术。批评的方式方法要服从于效果。从心理学上分析，人对于批评意见，会有一种排斥抗拒的心理，真正能够从善如流主动接受别人批评意见的人很少。在现实中，有的管理者喜欢妥协退让，明知不对，少说为佳，这种人没有真正的管理能力，很难在事业上获得成功；有的管理者不看对象，批评人时劈头盖脸，令人难以接受，反而收不到效果。批评要懂得以退为进，如肥皂水效应的模式：先表扬，用"但是"转折后再批评，这种方法符合心理学。当人先听到表扬时，心里是高兴的。在"但是"批评后，还沉浸在表扬中的他认为只有这一点缺点，一定能改正。在表扬中容易接受批评，这正是心理学的魔力所在。可以说，人人需要批评，但批评要注意方式方法，讲究艺术，力求有效。

（4）肥皂水效应让员工更忠诚。用赞美包装的批评既能够让员工在平静的情况下发现自己的错误，又不会打击员工的激情，相反，他们会更加忠诚。有关调查显示："赞美式批评"会大大提高员工的忠诚度。在被领导批评之后，如果没有及时鼓励，75%以上的员工会产生自卑的心理；其中又有20%左右的员工会因为自卑心理影响工作质量。相反，如果批评者能够在批评之前或者批评之后对员工进行一些心理安慰或鼓励，产生自卑心理的员工将下降至10%以下，被批评者中90%以上的员工能够有所改进，并且对企业的忠诚度均有不同程度的提高。

肥皂水效应的实例

案例：卡伍催货

华克公司在费城承建一座办公大厦，眼看就要竣工了。突然，承包外面铜工装饰的商人说不能如期交货。

不能如期交货，意味着工期拖延，公司要交付巨额的罚款！这些惨重的损失，仅仅是因为铜工商人扯后腿。

长途电话、激烈争辩，都没有半点用处。于是，卡伍被派前去当面交涉。

卡伍走进这位经理的办公室，第一句话就这样说："今晨我下了火车，查电话号码簿，发现勃洛克林市只有你一个人叫这名字。"

这位经理很感兴趣地察看电话号码簿，果然一点也不错。他自豪地说："是的，这是不常见到的姓名，我的祖先原籍是荷兰，搬来已有两百年了。"接着就开始谈论他的祖先和家世。

卡伍见他把这件事谈完了，又找了个话题，赞美他拥有这样一家规模庞大的工厂："这是我所见过的铜器工厂中最整洁、完善的一家。"

经理说："是的，我花去一生的精力经营这家工厂，我很引以为荣，你愿意参观我的工厂吗？"

参观的时候，卡伍连连称赞工厂的组织系统，指出哪一方面要比别家工厂优良，同时大加赞赏几种特殊的机器。经理告诉卡伍，那机器是他自己发明的。他花了很长的时间，来说明机器的特殊功能和使用方法。还坚持与卡伍一起午餐！

午餐后，经理说："现在，言归正传。我知道你来的目的。但我想不到，我们会谈得这样愉快。"他接着说："你可以先回费城，我保证准时交货，即使牺牲别家生意，我也愿意的。"

卡伍没有任何的要求，更没有批评对方爽约，在不使对方难堪、反感的情况下，顺利地达到了目的。如果卡伍用激烈争辩的方法，批评那位经理违约，恐怕不会有这样满意的结果。

肥皂水效应的启示

肥皂水效应注意把握批评对象的心理，在赞扬中赋予关爱性、善意性的批评。可以说是沟通、教育和批评中最人性化、情感化的方法之一，需要管理者在实践中认真地领会、消化和运用。

（1）讲究艺术。肥皂水效应和用药效应是一样的。虽然"良药苦口利于病"，但毕竟"苦药"让人心生胆怯。如果在药的外面加一层糖衣或胶囊，病人就会痛快地把药服用下去，既达到治病的目的，又增加了患者对"给药人"的信任。批评也是这个道理。批评者以和蔼的态度，先夸奖被批评者的优点，表扬其长处，这样可以给对方一个信号：我不是来攻击指责你的，被批评者就会乐意与你交流。如果批评者态度粗暴，横挑鼻子竖挑眼，被批评者就会有防备之心，不会倾听你的意见。所以，运用"赞美式批评"，对团队管理大有裨益。批评要有技巧，技巧来源于学习和修炼。有些管理者批评人时开门见山，恶语中伤，欲"批倒批臭"而后快，结果往往事与愿违。造成批评失败的原因可能是多方面的，但主要是由于批评者的方式方法过于简单粗暴，把事情搞砸了。也许，有的批评者会说，我这个人天生耿直，快人快语，养成了直来直去的性格和习惯。当然，耿直是一个人的优点，如果过于耿直，批评人不看对象、不分场合、不计后果，那就是缺点了。这就要求管理者加强性格修养，改进方式方法，变单刀直入式为肥皂水式，不仅能够收到良好的批评效果，而且会得到更多的友谊，为自己的人缘加分。

（2）摆正心态。肥皂水效应的关键之处在于管理者怎样看待和处理下属的失误。有很多管理者，总是对下属抱着一副"恨铁不成钢"的心态，要求下属把每项工作都做得尽善尽美，不容出现一点差错。其实，工作失误是员工正常的职场表现，只有不工作的人才不会出现工作失误。管理者要有仁爱宽容之心，善意批评员工的过错，而不能"吹毛求疵"，虎视眈眈。比如，在批评下属的错误之前，及时抹上"肥皂水"，都会使受批评者受到鞭策，给企业的工作带来更大的成效。如果员工稍有失误就嫉"错"如仇，火冒三丈，言辞过于尖锐、苛刻，会伤害员工的自尊心，挫伤员工的积极性，不利于建立良好的沟通渠道和彼此的信任感。

（3）就事论事。肥皂水理论的应用一般都是针对某一件事，或针对某人一个时期的表现，要对事不对人，不要上纲上线，不要因一件或几件事就说这个人品行不好，贬低人格。试想，如果柯立芝批评女秘书时就事论人："你这个人职业素养太差，办事马虎，屡屡出错！"女秘书处于职务层级的差异，可能会表面接受，但心里会记恨一辈子。管理者要善于换位思考，记住"己所不欲，勿施于人"。要把就事论事作为批评的基本原则，切忌不管三七二十一，痛批狠批，激化矛盾。

运用肥皂水效应需要注意的问题

肥皂水效应只是批评的一种手段和方法，而不是目的。

（1）解决实际问题。管理者要有针对性地采取不同的方法，沟通思想，教育员工，改正错误，实施正确的方案，达到解决问题的目的。切忌摆花架、图表面现象，而不解决实际问题。批评终究是批评，而不能演变成表扬，对被批评者只表扬不批评，如同只抹肥皂水，不刮胡子，失去肥皂水效应的意义。

（2）因人而异。抹"肥皂水"既然是一门艺术，就必然大有学问。技艺高超的理发师给不同的人刮胡子，也有不同的手法。批评的"肥皂水"艺术，"运用之妙，存乎一心"，关键是要做到"良药适口，忠言顺耳"，使被批评者乐于接受并切实改正。夹在表扬中的批评，也要看对象，不是每个人都是有悟性的。"肥皂水"也会有失灵的时候！批评者要摸透对方脾气，掌握对方心理，看人"对汤"，才能有效地沟通。

（3）注意场合。通常情况下，批评要采取私下交流的方式，而不要在大庭广众之下进行。人都是爱面子的，在众人面前指责对方，没有顾及对方的心理，即使你是温和的批评，也会让他的自尊心受挫，产生不满甚至怨恨，做出对抗举动，这种反抗往往不是出于理智，而完全是一种情绪化的本能反应。

（4）一事一策。批评的对象不同，或同一受批对象犯错的时间、事项不同，应该采取不同方法。切忌千篇一律，只此一招，犯经验主义的错误。对一些屡教不改、头脑简单的人，可能直截了当、态度强硬些会更有效。

（5）语言谨慎。批评要真心实意，言之有情，言之有理，把握分寸。要注意说话技巧，简洁不啰嗦，像朋友聊天一样，委婉地把事情分析给他听。良言一句三冬暖。你的说话语气会影响对方的情绪，你和颜悦色，对方也蛮横不起来；你语言刻薄，会激起他的抵抗情绪，甚至把工作上的矛盾演变成个人之间的恩怨。

39. 鲜花效应

批评人要慎重适度，批评过分应该及时送去"鲜花"。

鲜花效应的由来

有一段时间，索尼公司不断接到用户有关随身听产品的投诉。调查发现，是产品的包装出了问题。负责生产随身听的分公司立即更换包装，及时解决了问题。

公司创始人、董事长盛田昭夫对这件事不依不饶，在董事会上严厉地批评了这个分公司的经理，要求全公司引以为戒。

这位分公司经理在索尼干了几十年，立下了汗马功劳，第一次在全体董事面前受到如此严厉的批评，禁不住失声痛哭，萌生退意。

会后，董事长秘书请这位经理吃饭。她说："对于此事，董事长也是出于无奈，董事长没有忘记你的贡献，特地让我请你喝酒排解苦闷。"

饭后，他刚进家门，妻子便说："你真是受公司重视的人！"这令他分外吃惊。后来才知道，那天是他们结婚20周年纪念日，盛田昭夫专门为其订购了一大束鲜花，并附上了亲自写的贺卡。

盛田昭夫很理解这位经理的感受，批评后积极地采取了"鲜花疗法"，肯定他的功绩，既维护了他的自尊心，又减少了不良影响。这位经理理解了盛田昭夫的良苦用心，自然打消了跳槽的念头，要为索尼效力终身。

这就是在索尼公司耳熟能详的"鲜花疗法"，也是盛田昭夫常用常灵的一招管理方法。

这种鲜花疗法产生的积极效果称为鲜花效应。

鲜花效应的哲理

鲜花效应揭示了人的心理活动规律，抓住了人性的关键点，有利于改善上下级关系。

（1）批评人也要尊重人。著名心理学家马斯洛诺深刻地阐述了人的五种需求理论，其中之一是被尊重和被认可的需求。员工犯了错误，有的管理者常常口无遮拦，毫不顾及被批评者的感受；有的管理者奉行"多栽花、少栽刺、留个人情好办事"的处世哲学，睁只眼闭只眼，害怕伤了和气。其实，高明的领导者不是不批评，而是像盛田昭夫那样采用鲜花疗法，既直面现实，大胆指出错误和问题，又及时做好批评的善后工作，肯定成绩，让被批评者受到精神上的抚慰，不仅自尊心得到了尊重，而且心存感激之情，以更好的姿态投入到工作中去。

（2）鲜花效应是一种有效的批评方法，更是一种批评的艺术。对于管理者而言，批评人不是为了出一口恶气，也不是点出问题和错误就了事，而要顾及被批评者的心理承受能力，批评后会产生积极还是消极的效果。如果是后者，则要采取补救措施，使之消除心理压力，达到心灵上的沟通和理解。所以，批评人不仅是管理方法，更是一门管理艺术，需要针对不同的人选择适合的方法，让被批评者心悦诚服地接受批评，改正错误，兢兢业业地工作。

（3）批评人要坚持效果第一。批评是为了教育人、帮助人、提高人，让人知错改错、放下包袱、轻装前进。批评的目的决定了批评员工坚持效果第一。杰克·韦尔奇认为，管理者不应过度关注员工的错误，而应该关注批评后的效果，思考如何批评才能更积极更有成效。一个懂得顾全下属面子的领导者，会使批评更有效。希望集团美好食品公司董事长陈育新认为，对待犯错误的员工，宽容和严厉应该并重，在严厉基础上的宽容更有效果，在宽容之后的严厉也更有力度。在这种理念的指导下，他掌管美好集团一年便改变了其多年亏损的局面，并且连年盈利数千万元。

鲜花效应的实例

案例一：松下为后藤清一降火

三洋机电公司前副董事长后藤清一先生年轻的时候，曾在松下公司任职。一次，后藤犯了一个小错误，惹恼了松下。当他进入松下的办公室时，松下气急败坏地拿起一只火钳死命往桌子上拍击，然后对后藤大发雷霆。

后藤被骂得狗血淋头，正欲悻悻离去，忽然听见松下说："等等，刚才因为我太生气了，不小心将这火钳弄弯了，麻烦你费点力，帮我弄直好吗？"后藤无奈，只好拿起火钳拼命敲打，而他的心情也随着这敲打声逐渐归于平稳。当他把敲直的火钳交给松下时，松下看了看说道："嗯，比原来的还好，你真不错！"然后高兴地笑了。

后藤走后，松下又悄悄地给后藤的妻子拨通了电话，对她说："今天你先生回家，脸色一定很难看，请你好好地照顾他！"

批评下属，又不让下属带着怨气离开，采用这样一种方式降火，实在高明。

案例二：柳传志给老领导面子

在联想，有这样一条规则：如果开二十人以上会议迟到，将会被罚站一分钟。然而，第一个被罚站的人，竟然是柳传志的老领导。但是，规则面前人人平等。他对那位老领导说："你先在这里站一分钟，今天晚上我到你家里站一分钟。"如此一来，既维护了铁的纪律，又挽回了老领导的面子，还显示了他的真诚，老领导的不愉快也就烟消云散了。

鲜花效应的启示

鲜花效应开阔了管理者的思路。处理问题的方法不同，效果大相径庭，把鲜花送给需要抚慰的人，会缓解被批评者的对立情绪，取得意料之外的效果。

（1）凶狠批评后及时送去鲜花。对下属暴跳如雷，又吼又骂，肯定不是好的管理方法。但是，由于管理者性格使然，或错误的性质严重、影响很大，或事发突然、一时情绪失控，难免出现方式不妥、批评过头的现象。问题一旦出现，管理者应该清醒地认识到过度批评的后果，坚持从工作的全局出发，放下架子，给被批评者送去"鲜花"，通过具体有效的措施，让被批评者减轻心理压力，消除怨气。送鲜花的要诀是两个字，一个是"快"，一个是"全"。"快"就是时机要把握得及时，越快越好。"全"就是工作要到位，补救措施要配套齐全。千万不要"等等再说"，等到积怨很深、形成潜意识后再着手解决，事情就难办了。

（2）善于把坏事变成好事。过分批评造成了不良后果，最有效的方法就是采用盛田昭夫的"鲜花疗法"，促使矛盾转化，让坏事变好事。严厉批评后的鲜花疗法，往往给被批评者意想不到的惊喜，能够使管理者与员工"化干戈为玉帛"。被批评者与批评者不仅能够摒弃前嫌，消除隔阂，而且相互更加理解，关系更加融洽。

（3）要送花，更要会栽花。一些管理者存在一种"毛病"：不喜欢一个人或对某项工作不满意，会百般挑剔；喜欢一个人或对某项工作满意，又吝于表达，使对方永远不知道他心中的看法。这种做法往往会让属下感到郁闷、消沉。作为"社会人"，每个人都有受人尊重的内在需求。只会批评、不善表扬，是对人性缺乏把握的表现。成功管理者要有激发他人热忱的能力，而发掘他人才能的最好方法是赞扬和鼓励。有位成功的管理者深有体会地说："世界上最容易摧毁一个人意志的是上司的批评。我很少批评员工，总是先看到他们的长处，并给予赞许。如果要问我喜欢什么的话，那就是诚于嘉奖，乐于称道。"

运用鲜花效应需要注意的问题

鲜花疗法是一种有效的批评补救方法，在实践中需要很好地把握和消化。

（1）要理解被批评者。受到严厉或过度地批评，被批评者有怨气、有脾气甚至不服气，都是正常的。不要因为被批评者有消极情绪，就更加变本加厉地批评。要换位思考，千万不要用过高的标准度量被批评者。毕竟，多数被批评者不是超人，而是普通人，都有受人尊重的内在需求。

（2）要了解被批评者。盛田昭夫的鲜花疗法，是在熟知被批评者个人情况的前提下，才能恰到好处。作为其他的管理者，当过分批评下属后，应该给被批评者送什么"鲜花"？只有了解下属的需求，了解下属的具体情况，才能将鲜花效应真正用好用足。

（3）送鲜花者态度要真诚。鲜花很好，但若送花者态度不真诚，虚情假意，应付差事，效果肯定不佳。

（4）运用鲜花疗法要有节制。"鲜花"是一种补救方法，最好是批评得当，无需施用鲜花疗法。即使批评失当，对同一个人也不可常用。用得过多，一而再，再而三，容易产生"抗药性"，使被批评者产生逆反心理。

40. 三明治效应

治病可以救人性命，减少痛苦，恢复健康；批评让人改正缺点，追求进步，健康成长。

三明治效应的由来

三明治和三文治都是通过英文单词 Sandwich 音译的，是一种典型的西方食品，以两片面包夹几片肉和奶酪、各种调料制作而成，吃法简便，广泛流行于西方各国。

在行为学中，科学艺术的批评类似"三明治"，批评的内容夹在两个表扬之中，形成三个层次，第一层是认同、赏识、肯定、关爱对方的优点或积极面，中间层夹着建议、批评或不同观点，第三层是鼓励、希望、信任和帮助。这种不挫伤受批评者的自尊心，还会促其积极改正错误、缺点的批评法称为"三明治效应"。

三明治效应的哲理

三明治效应具有去防卫心理、去后顾之忧和给人留面子三大心理作用。

（1）去防卫心理作用。防卫心理人皆有之。如果管理者直接批评员工，语气又十分严厉，对方就会产生自然的防御反应，想方设法保护自我，很难听得进批评意见。如果在批评之前，先说些亲切关怀和赞美之类的话，就可以制造友好的沟通氛围，让对方静下心来进行对话。可见，三明治效应的第一层就起到了去防卫心态的作用，使受批评者乐于接近批评者。

（2）去后顾之忧作用。许多言辞激烈的批评，往往让人心有余悸，顾虑重重。三明治式批评给予被批评者以鼓励、希望、信任、帮助，使其消除后顾之忧，振作精神，重新再来，不再陷于错误泥潭之中。

（3）留面子的作用。批评的动机在于改善行为，如何批评很有讲究。三明治式的批评，既指出了问题，同时也易于让人接受，而且不留下后遗症。这种批评不伤人的感情、不损坏人的自尊心，能激发人向善的良心，使人的积极性始终维持在良好的行为上。

三明治效应的实例

案例：一位班主任的体会

晓东说肚子疼向我请假，我没多想就同意了。下午我经过一家网吧门口时却看见了他。我装作"无意"中看见了他，他又惊又怕，直往学校方向走去。

回学校后，我把他叫到办公室，他一副"视死如归"的样子。我说，"出去之前先请了假，这表明你还是很有纪律性的。而且看到我之后马上就回到学校来了。"他有点不好意思，看到我没有严厉批评，小声说："老师，你看能不能不告诉我父母，我怕他们伤心。""你现在怕他们伤心，但如果你学无所成，最终他们不是更伤心吗？"我看他已露出悔意，便接着把上网打游戏的危害告诉他，并告诉他如何学会自我控制。"你很孝顺，也很聪明，只要努力，一定能够成为一名很出色的学生。"然后就他在学习方法上出现的问题给出一些建议。从此，晓东再没有出现过类似的情况，并成为了一名品学兼优的好学生。

家长和老师对孩子进行批评很有必要。不过方式不当，可能会适得其反。如果我们能够根据心理学的规律，运用"三明治"效应，那么就能起到事半功倍的效果。

三明治效应的启示

三明治式批评是一种积极有效的管理方式，对企业管理的科学化、人性化大有益处。

（1）结果决定方式，方式促成结果。批评如同给人治病，只是手段，不是目的。治病要有精湛的医术，批评要注意方法和技巧。三明治式的批评是提高批评质量的有效技巧。例如某人上班迟到，三明治式的批评会是这样的：你一向表现不错的，最近是否身体欠佳？不然你是不会迟到的。迟到按单位规定是要给你一点处罚，如果家里有事，你可以跟我打个招呼，我们大家都可以帮助你。相信这样的批评一定会收到很好的效果。可以说，批评是一门艺术。同样是批评，因方式方法不同，有的批评者让人怨恨、疏远，有的批评者让人理解、亲近。

（2）批评要人性化，尊重人格。有一则这样的寓言：一把坚实的大锁挂在门上，一根铁杆费了九牛二虎之力，还是无法将它打开。钥匙来了，只见它瘦小的身材钻进锁孔，轻轻地一转，大锁"啪"地一声开了。铁杆惊奇地问钥匙：

"为什么我费了那么大的力气都打不开,而你却轻而易举地打开了呢?"钥匙说:"因为我懂它的心。"这里说的"心"就是人心。一般地说,尖刻地批评只会增强人的防御心,它十分危险,会伤害人的自尊,激起人的反抗和忌恨。有些管理者性格外向,脾气暴躁,甚至会上纲上线,将问题提升到道德人品的层次,弄得被批评者灰头土脸,见人抬不起头。我们强调科学管理,就是要倡导人性化管理、人性化批评,在批评人的时候注意人性需求,尊重人格,就事论事,讲究客观,让人接受,力求达到"良药不苦口,治病更有效"的高境界,切忌为一时解气,信口开河,把批评当作"痛打落水狗"。

运用三明治效应需要注意的问题

采取三明治式批评要因人而异,综合运用,注意创新,保持适度。

(1) 因人而异。三明治式批评效果很好,但不可人人都用,要针对被批评者的性格、被批评者的错误性质,采取具体形式多样的批评方式:有的人自我反省意识很强,一点就通,不用再三鼓励,说多了就显得很啰嗦;有的人错误十分严重,需要立即制止,不能娓娓道来。所以,在批评的时候要分清对象,分清事件,分清场合,灵活运用批评方式。

(2) 综合运用。批评形式多种多样,每种形式有优点也有不足,所有方法都不是灵丹妙药,只有对症下药才是好的。管理者要学习和尝试更多的批评方法,经常变变形式,不断提高批评质量,提升管理水平。如果对一个人重复采取一种批评方式,容易被群众认为管理者水平不高,有失自己的威信。

(3) 注意创新。管理是企业永恒的课题。批评作为一种管理形式或管理工具,也需要不断地探索、创新和发展。要结合形势的发展变化,从实际出发,创造出更新、更多的批评方式,丰富管理实践,把批评搞得更活、更有成效。

(4) 注意适度。运用三明治效应,批评是主要的,表扬是辅助的。开展批评时一定要分清主次,掌握分寸,切忌本末倒置。如果表扬起来滔滔不绝,批评起来含含糊糊、轻描淡写,就达不到批评的目的。在批评时一定要把握表扬和批评的分量,适度注入感情。

41. 罗森塔尔效应

每个人心中的思想，主导了人们的一言一行。

罗森塔尔效应的由来

罗森塔尔效应源于一个"真实的谎言"。

美国心理学家罗森塔尔（RobertRosenthal）设计了一些实验，试图证明实验者的偏见会影响研究结果。其中有一项实验是这样安排的：罗森塔尔把一群普通小白鼠随机分成A组和B组，告诉A组的饲养员说，这一组的小白鼠是经过他精挑细选出来的，非常聪明；又告诉B组的饲养员说，这一组的老鼠是普通的小白鼠，智力一般。几个月后，罗森塔尔对这两组小白鼠进行穿越迷宫的测试，发现A组的小白鼠竟然真的比B组的小白鼠聪明，它们能够先走出迷宫并找到食物。对这种结果，罗森塔尔推测说，可能是由于饲养员对"聪明"的动物和蔼友好、对待"笨"的动物粗暴而造成的。

罗森塔尔受到了启发，开始设想这种效应能不能发生在人的身上。1968年的一天，罗森塔尔和助手们来到一所小学，从一至六年级各选了3个班，进行了"未来发展趋势测验"。之后，罗森塔尔以赞许的口吻将一份"最有发展前途者"的名单交给了校长和相关老师，并叮嘱他们务必要保密，以免影响实验的正确性。其实，罗森塔尔撒了一个"权威性谎言"，因为名单上的学生是随便挑选出来的。8个月后，罗森塔尔和助手们对那18个班级的学生进行复试，结果凡是上了名单的学生，学习成绩都有了异乎寻常的进步，且性格活泼开朗，自信心强，求知欲旺盛，更乐于和别人打交道。

显然，罗森塔尔的"权威性谎言"发挥了作用。这个谎言对老师产生了暗示，左右了老师对名单上的学生的能力的评价，对他们寄予更大的期望，上课时给予更多的关注，而老师的这一心理活动在不经意间通过情感、语言和行为，向名单上的学生传递出了"你很优秀"的信息，产生了对学生的激励作用。这就是"暗示"和"期望"的神奇魔力！

后来，人们把像这种由他人的暗示、期望和热爱，使人们的行为发生与期望趋于一致的变化的现象，称之为"罗森塔尔效应"，又称"皮格马利翁效应"。

罗森塔尔效应的原理

罗森塔尔效应传授了一种激励人、鼓舞人、催人奋进的方法，既科学又富有哲理。

（1）罗森塔尔效应是一种心理暗示。生活在社会中的每一个人，其实都经常使用暗示。巴甫洛夫认为：暗示是人类最简化、最典型的条件反射。有一句话说：如果称有五千个人死于瘟疫，就会有五万个人死于对瘟疫的恐惧之中。

（2）暗示是一种心向，是在受到暗示后出现的某种意向。如果你听别人说，某某人近来对你很不满意。那么你在遇到他时，即使他没有说一句对你不满的话，你也会有一种不自然的感觉。如果你听别人说，这个人专挑别人说话的毛病，那么你在同他讲话时，就不如平时讲话那样流利。这都是因为事先接受暗示的缘故，脑子里存在着这种意念，使你的反应与平时大不一样。

（3）暗示分为积极暗示和消极暗示。暗示就像一把"双刃剑"，积极的暗示促使人们向好的方向发展，可以救治一个人；消极的暗示则使人向坏的方向发展，可以毁掉一个人。积极的暗示，不仅使他人得到温暖，而且令其变得自信、自尊、自爱、自强，增强战胜困难的力量。消极的暗示，使人承受的不仅仅是暗示带来的痛苦与压力，而且还会影响人的身体健康。少年犯罪儿童研究表明，许多孩子成为少年犯的原因之一，就在于不良暗示的影响。他们因小时候偶尔犯过的错误被贴上了"不良少年"的标签，这种消极的暗示引导着孩子们，使他们也越来越相信自己就是"不良少年"最终"破罐破摔，在犯罪的泥潭中越陷越深。

罗森塔尔效应的实例

案例：农夫山泉有点甜

面对水市场上娃哈哈和乐百氏的逼人攻势，以及法国达能在中国市场合纵连横的大手笔，农夫山泉采取的做法是，他先推出一组纯净水和天然水的对比实验，再郑重指出：为了人类的健康，我们不生产纯净水了，只生产天然水。这样一来，在纯净水市场被瓜分待尽的中国水市场，它就显得卓而不群。

不断制造新概念是企业提高知名度的重要方法之一，农夫山泉也是这样。它的高明之处在于开辟了天然矿泉水"新战线"，这个新领域的竞争者寥寥，加上其天才般水准的广告词"有点甜",让众多的消费者喜欢。真的甜吗?其实这是心理暗示在起作用。

市场的决定力量毕竟是消费者,正因这种暗示,农夫山泉一气呵成,牢牢站稳了瓶装水市场老三的位置。

罗森塔尔效应的启示

管理之所以称为管理,在于它是一种对人格和心灵的唤醒。罗森塔尔效应的引人之处正在于此。管理者要学会和善于运用罗森塔尔效应,给予员工更多的鼓励与期望,学会赏识和赞美员工,启发引导员工。

(1) 给予员工更多的鼓励与期望。管理者要运用正面暗示,给员工传递自己的鼓励和期望。有关专家研究表明,科学家的潜能只发挥10%～12%,一般人的潜能仅发挥3%～4%,人的潜力有非常大的开发和提升的空间,而正面的心理暗示会对员工产生巨大的影响。管理者要暗示员工,人的智力相差无几,每个人都可以提升自身价值,施展才智,拥有美好的发展前途。当员工感受到管理者的信任和期望时,就会萌发或增强学习的愿望,员工队伍就会出现"百舸争流"、奋发进取的局面和氛围。

(2) 学会赏识和赞美员工。赏识和赞美是员工获得尊重和自信的内在需求,也是人性化管理的基本要件。善于赏识和赞美员工,是唤取员工自信、激励员工进取的原动力,是取之不尽用之不竭的"催化剂"。管理者不要吝啬对员工的赞美,而要把握时机,利用好这一"催化剂",让员工感受到上司的暗示和鼓励,在心里播下成功和自信的种子。同时,管理者要消除对员工的偏见,用发展的眼光看人,多鼓励,少批评。若是一批再批,就会形成消极的暗示,员工心头的阴影会像墙上的钉子那样,你越是敲打,它扎得越深。

(3) 善于虚拟事实,启发引导员工。在日常管理中,运用一些"虚拟的事实"启发引导员工,只要恰当、适度,常常会取得出人意料的效果。有时,虚拟一个故事,树立亲近和可效仿的榜样,可以帮人走出心理阴影,开发自信,提高兴趣,挖掘潜能,增强克服困难的勇气。

运用罗森塔尔效应需要注意的问题

(1) 用好用活罗森塔尔效应。由于罗森塔尔效应的特殊效果,许多管理者都喜欢运用。然而仔细分析各类案例就会发现,对于不同类型的员工,罗森塔尔效应差异明显:有的员工对管理者的亲近与关注反应积极,"期望"产生的效应良好；但也有些员工反应不够积级，"期望"的效应就差一些，所以管理者在运用时要因人而异，采取各种灵活的方法，有效地运用罗森塔尔效应。

（2）关注员工的心理基础。罗森塔尔效应与任何一种心理现象一样，有其产生的心理基础，管理者的期望只有在适当的心理条件下才会起作用。这就需要管理者充分分析员工的心理状态、思想动机、自我意识等，有针对性、有分寸地发出"期望"，才会产生强烈的"正效应"。有些人不能正确理解领导的正激励，误认为自己就是做得好，骄傲自大，不再创新进取，这时候罗林塔尔效应就有些不适用了。

42. 一条腿效应

掌声是人生不可或缺的维生素，管理者应该善用掌声，做点燃员工激情的激励大师。

一条腿效应的由来

过去，有位王爷特别爱吃厨师做的烤鸭。不过，王爷从来没有当面表扬过厨师的烤鸭技艺。厨师整天闷闷不乐。

有一天，王爷设家宴款待贵宾，烤鸭端上餐桌后，王爷挟了一条鸭腿给客人，却找不到另一条鸭腿。

送走了客人，王爷叫来厨师："今天做的烤鸭怎么只有一条腿，另一条腿到哪里去了？"

厨师说："禀王爷，我们府里养的鸭子都只有一条腿！"

王爷感到诧异："不对，咱们到鸭笼去看个究竟。"

时值中午，鸭子吃饱后正在睡觉。每只鸭子只露出一条腿站着。厨师指着鸭子悄声说："王爷你看，我们府里的鸭子不都是一条腿吗？"

王爷说："不对！"随即大声拍掌，鸭子惊醒后都伸出另一条腿站了起来。

王爷说："你看你看，鸭子不全是两条腿吗？"

厨师说："你这一鼓掌，鸭子醒了就是两条腿。你不鼓掌，鸭子熟睡就只有一条腿。"

这个故事告诉我们，管理者要善于用掌声激励员工。若是吝惜掌声，员工会丧失热情与激情，消极怠工，这就是"一条腿效应"。

一条腿效应的哲理

这个故事的编写源于生活，体现了现实中人们对于表扬的需求。它具体、生动、形象地说明了激励的巨大作用。

（1）掌声是人生不可或缺的维生素。爱听掌声，喜欢表扬，是人性的体现。

当今企业，知识型员工越来越多，把表扬视为受人尊重和体现自身价值的体现。管理者吝惜掌声，员工必然会有想法，产生情绪，这种情绪体现在工作之中，必然会出现"一条腿"现象。

（2）掌声与面包同样有用。在企业，没有比受到上司批评或冷漠更能扼杀人们的积极性了。要使员工的工作始终处于最佳状态，最有效的方法，就是表扬鼓励。身为管理者，要经常在公众场所表扬或赠送一些礼物给表现特佳者，激励他们继续奋斗。员工情绪低落时，及时给予心灵抚慰，发现闪光点，及时鼓掌喝彩。

一条腿效应的实例

案例：麦肯锡公司的调查数据

美国知名管理咨询公司麦肯锡曾调查过数千名经理人，了解这些企业精英们的离职原因。结果发现，这些人离职的三大原因是：工作和成绩得不到公司充分的认同和肯定；在公司里得不到充分的沟通和信息；在公司里或所在的岗位上没有发展的机会。从调查结果可以看出，掌声是激活人、留住人的首要因素。

一条腿效应的启示

一条腿效应告诉我们，有效的激励能使"不可能"变为"可能"。

（1）对员工合理定位。现代员工的需求是多方面的。当人们满足了基本的物质需要之后，就会产生被尊重的需要和实现自我价值的需要。如果员工只是被当作商品，当作劳动力，那他们自然没有义务和公司同发展共命运。管理者应该综合考虑员工的需求，给员工准确的定位，视员工为合作伙伴，呵护员工，欣赏员工，依靠员工，造福员工，使员工的主观能动性充分发掘出来，始终保持"两条腿"的最佳状态。

（2）善于精神激励。精神激励是一种低投入高回报的管理。美国著名管理心理学家弗隆的绩效公式表明：激励×能力＝工作绩效。也就是说，一个人即使有工作能力，如果对他不采取适当的激励措施，也不能挖掘出最大潜能，取得良好的工作绩效。员工对奖励和惩罚十分敏感，内心深处都渴望被表扬，希望自己的努力得到肯定。然而，正向的精神激励往往被管理者忽视或轻视。认可与赞美属于"正向激励"，是一种合理的管理途径和高明的管理艺术，是人际关系的"润滑剂"，是管理者和员工建立和谐关系的桥梁。一个懂得激励员工的管理者，就掌握了激发员工能动性和自发性的一把钥匙。和谐管理是一个不断激励员工的过程，借助激励，员工感到自己的工作被赞许，既产生成就感、荣誉感和满足感，又对管理者的"慧眼识珠"产生了知遇之感，必然会更加努力，给企业创造更多的利润。管理者则因为员工积极性和创造性的不断提高，更加满意，对员工进行再激励。这样就会形成"激励——努力——绩效提高——满意——再激励"的良性循环。

避免一条腿效应需要注意的问题

（1）表扬事项得到普遍认同。公开赞扬最好是能被大家认同及公正评价的事项。若被赞扬的事项不能得到广泛认同，其他员工难免会有不满的情绪。

（2）就事论理。赞美员工不能满足于就事论事而应该由小及大、就事论理，比如品德好、素养高、工作热情、勤恳、严谨，忠诚于企业等，拨动员工心弦，员工会感觉非常舒服和自豪，激发自信心和进取心。

（3）适当运用间接赞美。不是直接表扬，而是借用职位更高、魅力更大的上级领导的话，表扬下属。比如："前天我和刘总经理谈起你，他很欣赏你对待工作的认真态度，你对客户的热心与细致值得大家学习。好好努力，别辜负他对你的期望。"这样的表扬，会让被表扬者更激动。

43. 踢猫效应

不要让不满情绪四处蔓延，避免泄愤连锁反应。

踢猫效应的由来

一位父亲因公司倒闭而失业，回到家就把在沙发上跳来跳去的孩子臭骂一顿。孩子心里窝火，狠狠地踹身边打滚的猫。猫逃到街上，正好一辆卡车开过来，司机赶紧避让，却把路边别人家的孩子撞伤了。

丈夫在外面受气，转来转去，转到了小猫的身上，引发了车祸，这种"城门失火、殃及池鱼"的现象，就是心理学上著名的"踢猫效应"，描绘的是一种典型的坏情绪的传染。

不满情绪和糟糕心情，会由强者传向弱者，无处发泄的弱小者便成为牺牲品。特别是在经济危机中裁员与减薪已经成为家常便饭的局势下，应特别警惕"踢猫效应"。

踢猫效应的特征

"踢猫效应"描述人情绪传递的清晰轨迹和人生道路的曲折性，对个人成长和企业管理都有指导意义。

（1）情绪的转移作用。踢猫效应传达出的道理在心理学上叫做"转移作用"，就是把对某一对象的情绪转移到另一对象身上。人们常有一种心理倾向：自己对某一对象的愤怒或喜爱的感情，由于某种原因无法面对对象直接表达或发泄，于是转移到其他较为安全或大家较为接受的替代性的对象身上，从而满足情感需求，化解心理焦虑，缓解心理压力。这也是人们常用的一种心理防卫机制。

（2）情绪具有传染性、扩散型和放大性。情绪是客观事物作用于人的感官而引起的一种心理体验，有积极情绪和消极情绪之分。良好的情绪会让人有一种健康向上的心态，厌烦、压抑、忧伤、愤怒的消极情绪则会造成紧张、烦恼甚至是充满敌意的气氛，这样的消极情绪又会直接影响和波及到家人、朋友和同事，极有可能造成一系列的连锁反应，将情绪污染传播给了社会。

（3）情绪传输的链条性。生活在社会中的人，受到环境以及一些偶然因素的影响，会有形形色色的不满情绪和糟糕心情。当一个人有了不满情绪，潜意识会驱使他沿着等级和强弱组成的社会关系链条依次传递，选择下属或无法还击的弱者发泄，由金字塔尖一直扩散到最底层。无处发泄的最弱小的那一个元素，则成为最终的受害者，甚至成了最终的牺牲品。这条愤怒传递链条终端是最弱小的群体，也是受消极情绪影响最大的群体，因为也许会有多个渠道的怒气传递到他这里来。对于企业而言，普通员工往往是被踢的"猫"。

踢猫效应产生的原因

在生活节奏越来越快的今天，人们在享受现代生活便利的同时，也面临着更大的压力，神经常常处于紧张状态，心理承受能力极其脆弱。有时遇到一点点不顺的事情，情绪就会一落千丈，找到发泄的机会，怒火会像火山爆发那样喷射而出。这种糟糕的情绪像瘟疫一样在人群中传染，并沿着一道道的轨迹运行、蔓延，造成意想不到的伤害。修养好的领导，遇事会冷静处置，既不发火责怪下属，也不会找人受过，而是认真梳理问题，吸取教训。在这样的领导身上一般不会出现踢猫效应。修养差的领导，遭遇尴尬和不顺心的事情，总要迁怒于新人和下属，在这样的领导手下谋事就需要多加防范了。

踢猫效应的实例

案例：董事长"踢猫"

某公司董事长为了重整公司，在领导班子会上许诺自己将早到晚归。有一天他出门迟了，为不迟到，他驾车在公路上超速行驶，被警察开了罚单，结果还是误了上班时间。这位董事长气急败坏地回到办公室，他将销售经理叫到办公室训斥了一番。销售经理挨训之后，气急败坏地走出董事长办公室，将秘书叫到自己的办公室并对他挑剔一番。秘书无缘无故被人挑剔，自然是一肚子气，就故意找接线员的茬。接线员无可奈何地回到家，对着自己的儿子大发雷霆。儿子莫名其妙地被父亲痛斥之后，也很恼火，便拿起刀，对着自家的沙发狠狠地砍了一刀。

踢猫效应的启示

踢猫效应是常人表达情绪的一种方式，大多数人都会难以控制。它是不健康、不文明、不明智的发泄方式，有百害而无一利，需要我们高度重视，尽可能地避免踢猫效应，消除踢猫效应的影响。

（1）高度重视踢猫效应的危害。对于管理者来讲，没有抗压、抗挫能力，随便发泄个人情绪，拿下属做出气筒，不仅影响个人的威信，还将阻碍职业发展。对于企业来讲，经理人随便发泄个人情绪，会把这种情绪从一个部门带到另一个部门，形成不良的企业文化，削弱企业的核心竞争力。对团队来讲，不良情绪影响的是管理单位最小的基层单元，也直接影响着团队的执行效率和战斗力。

（2）加强情商培养，树立良好形象。现代社会充满诱惑与压力，作为管理者，成就感和进取心都超过普通人。如何保持良好的风度，做到"入局而不为局势所迷"是非常重要的。风度的实质是情商：对己，在压力下能保持从容的心态，面对突发事件较好地控制情绪；对人，能做到与人为善，真诚、宽容、大度，不斤斤计较，不迁怒于人。在压力下能够保持风度，意味着对自己心理弱点的征服，意味着人格魅力的提升，这首先就是一种成功。一个人如果不能与人为善，不能宽以待人，经常向周边释放消极的因子，怎么能谈得上真正意义的事业成功呢？管理者应该加强情商修养，经常给自己的心灵洗澡，始终保持良好的心态，营造一种温馨的工作环境。有一位哲人说："心若改变，你的态度跟着改变；态度改变，你的习惯跟着改变；习惯改变，你的性格跟着改变；性格改变，你的人生跟着改变。"

（3）善待批评，从善如流。生活中有许多事情是我们无力改变的，唯一能改变的是我们自己的心情。当遇到批评时，要积极调整自己的心态，有效控制情绪，让"踢猫效应"止于孔子的"仁"、"恕"，止于颜回的"不迁怒"、"不二过"。人不可能永远不犯错误。犯了错误之后有人能及时地提出批评意见，这是犯错误者的福气。一个人虚怀若谷，善听批评，从善如流，工作、学习、生活中就能少走弯路，少犯错误。

（4）正视问题，控制举止。现代心理学大师威廉·詹姆斯博士说："一个人无法以意志来控制他人的情绪，但你可以用意志来控制你的举止。人在极端愤怒时容易失去理智，这时要告诫自己'冷静再冷静'"。遭遇的事情已经发生了，无可挽回，也无法逃避，就要正视，解决！不要对下属发泄自己的不满，避免泄愤引起连锁反应。如果每个人在遇到这种事情之初能够静下心来数五秒，就有可能避免踢猫效应。

运用踢猫效应需要注意的问题

（1）不要将正常的批评与自我批评混同于踢猫效应。批评与自我批评是企业管理的重要手段，管理者不要因为避免踢猫效应，放弃对员工的正常批评教育，放松管理，那同样会产生反向作用，不利于问题的解决。

（2）"淡泊"名利，"宽容"失意。当你为一件事情烦恼得难以自拔时，不妨对自己大喝一声：这样能解决问题吗！生命太短促了，金钱、名利是身外之物，一切都是过眼烟云，还有多少事情正等着我去做。如此调整心态，或许会豁然清醒，看透人生，稳定自己的情绪。

（3）用积极替代消极。踢猫效应虽然可以让人的心理压力得到一时的缓解，却是消极之举，有很大的副作用，应当尽量避免。管理者要学习和尝试一些积极的情绪转移方法，当情绪不佳时，能够有效地发泄情绪又不殃及他人。

44. 花生试验效应

良好的氛围能促进事件发展。

花生试验效应的由来

心理学家做过这样的试验：请一群青年学生阅读四篇关于癌症治疗、武装力量规模、月球探测器和三维电源的说明材料，内容比较枯燥。其中一部分学生在阅读休息时可得到一些可乐和花生，而对另一些学生则不提供任何食物和饮料。等所有学生阅读完材料之后，请他们对材料的内容发表支持或反对的意见。结果显示，享用过花生和可乐的学生对材料内容持肯定态度的比另一部分学生多。

难道可乐和花生会影响人的判断？其实，影响人们判断力的并不是可乐和花生，而是享用花生、饮料时产生的轻松氛围，缓解了学生紧张烦躁的情绪和不安，为学生带来愉悦心情，取得了良好的阅读效果。这种现象被称为花生试验效应。

花生试验效应的哲理

无论在什么场合，良好的氛围将促进事件的发展。这些都证明了一个深刻的哲理：环境影响心情，心情影响意愿，意愿决定行动。

（1）良好环境氛围的导向性。期求新鲜与轻松的环境，谋求实惠与便利，这是人的共性。良好的环境具有很强的吸引力，能够引导人的行为。比如，招商引资中，投资者首先关注的就是环境和谐，外商云集的长三角、珠三角及西南重镇重庆、成都，都以宽松、优美、独特的环境吸引外商的投入；企业招聘大学生，应聘者恰恰是通过与企业的第一次亲密接触才开始了解一个企业的员工和文化。哪怕是在每位考生面前摆一瓶矿泉水，企业给毕业生的印象可能就大不一样。你到超市购物，琳琅满目的商品，清洁卫生的商场环境，亲切自然的微笑服务，一定会增加你的购物欲望。凡此种种，无不体现良好环境氛围的魅力。

（2）环境氛围也要"与时俱进"。环境和氛围长时间不变，会给人造成"视

激励篇

觉疲劳"和"心理疲倦",逐渐被人们疏远和遗忘。许多餐馆经常调整餐厅布局、改变餐厅名称、更换烹调大师,就是用新鲜感招揽顾客,留住顾客。若是一家名气不大的餐馆,三年五年不变,仍是"山河依旧",别说赚钱,能够存活就算很幸运了。大量事实说明:环境不变,令人生厌,只有经常改善环境,营造常变常新、引人入胜的良好氛围,才能不断地吸引人们的眼球,吸引人心。

花生试验效应的实例

案例一:超市送赠品吸引顾客眼球

有位老板开办了一个超市,前几年生意不错,近两年附近连续又开了两家连锁超市,竞争加剧了,销售额明显下降。这位老板找咨询师进行一番分析和筹划,制定了"消费让利巧送礼"的销售策略。如消费一定金额送指甲剪、打火机等常用小礼物,带小孩消费送气球,老人送扇子,年轻人送纸巾,等等。为降低成本,他与生产厂家、供货商商定,由他们提供奖品,商场印上他们的广告,一举两得。对快要到期的商品,与供货商谈好削价处理方案,在明确告知消费者的前提下,送给近期使用的消费者。买就送,且花样翻新,让利于顾客,形成了良好的经营氛围,吸引着消费者的眼球和思维,这个超市的生意一直红红火火,形成了厂家、供应商、商家、客户共赢的局面。

案例二:赵老师的写作课

赵老师是某油田的经济研究所所长兼政策研究室副主任,讲写作课是他的"第二职业"。

初讲写作课,他搜集大量的素材,注重从理论和实践的结合上讲解写作知识,生怕学员听不懂,时常是一个人从头讲到尾,不厌其烦,滔滔不绝。这样下来,自己讲得辛苦,学员听得疲惫,效果不够理想。

他进行了认真地反思,彻底改变了授课方式,注重与学生的互动,变灌输式为研讨式,变"一言堂"为"大家谈"。每讲一个知识点,就拿出学员的作业,让大家研讨,既找优点,又找不足,自己再汇总归纳,还时不时地讲一些与写作有关的趣闻。学员研讨自己的文章,全神贯注、畅所欲言、兴致很高,加上游戏和故事的启发,大家感到一天的写作课,既轻松愉快,又很有收获。

本来比较枯燥的写作课,变成了生动活泼、新鲜有趣的研讨课。后来,他的写作课在集团公司支部书记示范班上获得了成功,受到来自全国各地学员的好评。第一期示范班结业时,学员对写作课的评价分是最高的。如今,赵老师已经退休近三年了,他的写作课还在讲着,而且常讲常新。

花生试验效应的启示

改造环境，营造良好氛围的重要性已经人所共知。良好的环境和氛围既有物质的也有精神的，软件和硬件建设都不可忽视。

（1）注意改善环境。这个环境主要指硬件环境，包括地理格局、色彩、光线、设施等。办公环境要选择好办公地点，合理安排工作位置，工作地点多采用白色，并保持光线充足，通风良好。合理摆放办公室内的各种设备，营造一个舒适、科学的工作环境。

（2）学会营造氛围。工作办公环境是硬件环境，工作气氛是软件环境，软件环境比硬件环境更重要，也更难以把握。良好的工作气氛可以从公司的制度、福利、公司文化入手，制度合理、薪酬适当、待遇优厚、处事公平公正，员工则心情舒畅、气氛活跃，在这种氛围中的工作效率要比压抑、郁闷的心情下高得多。对于一些需要创意的工作，软件开发、设计之类的工作则需要宽松的工作环境，可以放些音乐，开发人员碰到某个难题阻碍，一时解不开，可以去适度的休息，情绪愉悦，思维就活跃起来，灵感就跳出来了，学习和工作效率自然就上去了。

运用花生试验效应需要注意的问题

（1）注意效果。运用花生试验效应要用心研究，但不能生搬硬套，要从实际出发，用心研究，确定应变措施，追求实际效果。

（2）降低成本。运用花生试验效应的目的是提高效率和效益。如果为了改善环境，调节氛围，消耗大量成本，总体效益非但没有提高，反而有所降低，那么这种得不偿失的做法就应该叫停。

45. 满意牛效应

"员工满意，客户才能满意；客户满意，股东才能满意!"管理者要把造就"满意员工"作为企业的第一要务。

满意牛效应的由来

2001年7月3日的《参考消息》刊载了来自英国的新闻。英国心理学家公布的研究结果称，农场主通过给乳牛播放阿丽塔、富兰克、西蒙和加丰克的音乐，会使它们的产奶量提高3%。但奶牛也是很挑剔的。奶牛不是听所有的音乐都多产奶，在一些令牛烦躁的音乐影响下，产奶量反而会下降。

无独有偶。我国广东从化太平镇的一个奶牛场里，奶牛听着音响里播出的轻音乐，"闻乐进食"，胃口大增。每头牛的日产奶量增加2公斤。

基于奶牛的上述特性，美国人比尔·凯特利特和理查德·海登匠心独运，著述和出版了《满意牛》一书。作者以谈话式的、轻松诙谐、生动贴切的语言风格，简明地解释了迪斯尼、默克、强生、花旗等六家"满意牛"公司成功的秘诀以及六家"普通牛"公司失败的根源，精辟地分析了雇佣关系和"员工本位"的管理哲学。将那些看似复杂的商业现象和艰深的管理理念抽丝剥茧般地层层剥开，揭示了商业成功的经典法则。

《满意牛》并不是在寻找企业"利他主义"的楷模，而是主张"带着商业头脑去提供福利"。作者认为："花费宝贵的时间和精力制造更大、性能更好的老鼠夹，只会使鼠类更加狡猾。"以积极的手段管理员工，充分挖掘和发挥员工的潜能。这就是满意牛效应。

满意牛效应的哲理

满意牛效应充满了管理思想的智慧，蕴含着以人为本的管理哲学。

员工满意度是企业生存发展的决定因素。生产率源于人的因素，而非机器。决定企业成败的关键是人。员工满意，客户才能满意；客户满意，股东才能满意！因为满意牛产好奶，满意的员工才能为企业做出更大的贡献，帮助企业走向成功。杰克·韦尔奇曾说过："在你的企业中，80%的利润来自于满意员工。"由此可见，企业需要"满意牛"。企业应该以正确的方式对待员工，提高员工的满意度。员工心满意足，充满激情，企业才能增加效益，实现基业常青。这是企业管理中永恒的定律。

在人们的印象中，牛具有吃苦耐劳的精神，能够默默无闻地无私奉献，勤勤恳恳的老黄牛一直是人们推崇的榜样。企业要求员工向牛学习，能吃苦，能承受压力，毫无怨言，默默奉献，真正做到"吃进去的是草，挤出来的是奶！"殊不知，牛也是有态度的。快乐、满意的牛不仅产奶多，而且奶质好；郁闷、抱怨的牛不仅产奶少，而且奶质差。牛如此，人更是如此。员工的态度决定了生产效率和产量，决定了企业的利润。美国某个工厂，人力资本比国外竞争者每小时要高15美元，但是生产成本却比国外竞争者低了20%，这家工厂综合竞争力的提高，与善待员工有很大关系。创造和保持一个满意度高的员工队伍，直接关系到企业成败。因为"满意牛"创造财富的速度和"抱怨牛"毁灭财富的速度一样快。

满意牛效应的实例

案例：关心呵护员工，安多福获评和谐劳动关系企业

安多福消毒高科技有限公司是深圳盐田区一家高科技企业。自1997年成立以来，公司在追求快速发展的同时，努力践行"关心员工，热心公益，做一家有社会责任感的企业"的企业精神，致力于营造家的氛围，让员工真正成为企业的主人。公司从不拖欠员工工资，即使在金融危机面前，公司也没有大量裁员，除每年组织员工外出旅游外，还让员工享受公务员的休假待遇。

杨燕来自江西，入职安多福两年多来，一直从事广告设计，远在江西老家的母亲对杨燕孤身一人来深圳打工总是放心不下。为了打消杨燕母亲的顾虑，公司决定接她来深圳，亲眼看看女儿的工作环境。"我一到深圳，他们就给我接风洗尘，把我安顿好了。"杨母开心地说，"来到公司，到处走一走，看一看，觉得非常不错，公司领导也很好。这样，我就放心多了。"

企业关心呵护员工，员工尽心尽力地回报企业。十几年的发展，安多福也取得了长足的进步。公司拥有多项国家专利，在非典时期和汶川、玉树抢险救灾中，安多福消毒剂成为医护人员和战士们必备的消毒品，为抢险救灾贡献了自己的力量。

满意牛效应的启示

员工对企业的满意与忠诚是相辅相成的，也是企业管理的核心问题。运用满意牛效应，应该着眼于提高员工的满意度和忠诚度。

(1) 尊重员工，提高员工的满意度是管理者的职责。对于企业忠诚度而言，根本不存在中间阶层，员工不是企业的过客，就是企业的主人。员工究竟把企业看作是一个实现自己职业发展阶段性目标或者生活目标的跳板，还是把企业的发展放在心上，这和企业的领导者履行职责的情况密不可分。忠诚度高的员工未必需要雇主支付高额的工资和福利。因为他们和雇主的关系发生了变化，他们所获得的尊重、信任、授权和职业发展空间是他们忠于企业的动机。管理者要明确职责，充分尊重员工，关心员工，信任员工，营造良好的工作环境和氛围，通过充分授权和培训，使员工的个人职业发展与组织的发展统一，让满意度转化为忠诚度，使企业拥有稳定的军心，在逆境中也能够同心同德，共渡难关。

(2) 改善劳资关系，培养员工的主人翁意识。只有忠诚的员工才能快乐工作，将有竞争力的产品和服务传递出去。而要造就一大批满意、忠诚的员工，需要管理者营造和谐的劳资关系，让员工成为主人而不是过客，让员工了解企业、融入企业。有些企业劳资关系比较紧张，老板像买菜那样，与员工讨价还价，变相延长劳动时间，变相降低员工薪酬，希望用最小的投入赢得最大的效益，员工思想压力和顾虑很大，满腹怨气和牢骚，成了"抱怨牛"，对企业缺乏亲同感和归属感，消极怠工，结果是损人不利己。有这样劳资关系的企业非常危险。唯有改善劳资关系，多为员工着想，让员工切实感受到自己是企业中最有价值的财富。这样，"普通牛"就会成为"满意牛"，漠然的员工就会成为满意的员工，心系企业，快快乐乐地工作，满腔热情地投入，无怨无悔地奉献，形成员工与企业双赢的棋局。

(3) 从根本上消除员工的消极情绪。消极情绪就像一个烂苹果，放在苹果箱子里会传染其他的苹果，最后使整箱的苹果烂掉。员工队伍中的烂苹果必须及时清理，清理了一只烂苹果，还会有第二只、第三只烂苹果。怎么办？需要从根本上解决问题，既找出烂苹果的原因，又要增强好苹果的免疫力。员工拥护公司发展，公司为员工个人提供了成长空间吗？员工渴望求知，公司创造条件了吗？员工愿意提合理化建议，公司建立了畅通的渠道吗？员工甘愿为公司多做贡献，公司对这一宝贵资源充分开发利用了吗？员工对公司改善管理抱有希望，公司让员工看到希望了吗？这些问题若不去逐步落实解决，最终导致十分危险的结果。

(4) 给员工真诚的微笑。一个有魅力的管理者，身上可能有许多吸引人的因素，但最可贵的因素一定是平易近人、能够令人倾心的微笑。这种表情无需成本，却是无价之宝，若是没有真诚之心，花多少钱也不能把微笑买来贴在脸上。有的管理者处处注意显示身份和威信，在员工面前习惯于板着脸，冷若冰霜，被员工戏称为"老板"（老是板着个脸），敬而远之，更别谈相互沟通了。其实，员工要求不高，却最重感情和回报。作为管理者，要像商业服务人员学习，加强自身修养，苦练"微笑"的基本功，调动生动的表情，用微笑感动员工、改变企业。

运用满意牛效应需要注意的问题

（1）真心而不违心。真诚是金。牛的态度取决于养牛者的态度，员工的态度取决于领导者的态度。造就满意的员工并不难，只要领导者能够真正关心员工，真诚对待员工，注意倾听员工心声，帮助员工解决实际问题；困难时期挺身而出，与员工共患难；工作中信任员工，善于授权，让合适的人做合适的事情；为员工提供发展的平台。真情换真情，员工满意度定会不断提高，管理者的真诚一定会得到真情的回报。

（2）包容而不纵容。企业尊重、关心、帮助员工也要讲原则、讲方法、讲效果，不能为了"满意"放弃管理。对于个别员工的无理要求、无组织行为，不能姑息迁就。而要把人情与纪律有机结合起来，把不良倾向控制和消灭在萌芽状态。

46. 涌流效应

通过管理的按钮，开启员工激情的引擎，让员工的激情迸发出来，由被动的"要我做"变为主动的"我要做"。

涌流效应的由来

天然喷泉依靠自身的压力和动力，喷出地面，产生涌流，甚至形成高达数尺的水柱。有感于喷泉的成因，著名心理学家米哈里·契克森米哈提出了涌流理论。涌流理论的核心是开发人们内在的激情，形成精神上的涌流，能够自发、愉悦、热情地做事，不断提升创造力和成就感。

作为企业，运用涌流理论加强激情管理，通过管理的按钮，开启员工激情的引擎，让员工的激情迸发出来，由被动的"要我做"变为主动的"我要做"，在工作中倾注激情，与企业同发展、共成长。这就是企业管理的涌流效应。

涌流效应的哲理

涌流效应阐明了情感决定行动、激情成就梦想的哲理。

（1）情感决定行动。人的行动是由思想和情感支配的，思想与情感是内因，是人做事创业的源泉和动力，是事物发展的根本原因。激情可以让人精神饱满、不知疲倦地工作，主动地创新创造，学习新的知识、掌握更多的技能，更好地发挥自己的优势。使做事情的效果超过预期，更容易达到想要的结果。没有激情，将失去热情和专心，即使在外力的强制下，也会降低效率和质量，很难达到期望的结果。

（2）激情成就梦想。保持了激情，就会有一种强大的意志力，对事业有着执著的追求和永恒的努力，始终保持那股热心、热气和热情，矢志不渝，坚忍不拔。制造业大鳄艾默生说过一句名言："没有激情，就没有任何事业可言。"微软中国终身荣誉总裁、新华都集团总裁唐骏对激情有一个定义：当你每天早上醒来想到要做这份工作时，会觉得很兴奋，迫不及待地想去做；每天晚上睡觉的时候,你会觉得有很多事,希望明天可以快点去工作。这是对工作的激情。可以说,没有激情,企业就没有生机活力,将是死水一潭。没有激情,一切梦想将变得"不可能"。

涌流效应的实例

案例:天外伺郎评价索尼

索尼公司前常务董事、作家天外伺郎曾经在日本《文艺春秋》2007年1月刊发表《绩效主义毁了索尼》文章,留恋昔日索尼的激情管理,批评索尼如今的绩效管理。所谓"激情集团"是指公司中那些不知疲倦、全身心投入开发的集体。在创业初期,这些"激情集团"接连不断地开发出了具有独创性的产品。索尼当初之所以能做到这一点,是因为有井深先生的领导。

今天的索尼职工好像没有了自发的动机,是因为实行了绩效主义。绩效主义即"业务成果和金钱报酬直接挂钩,职工为了拿到更多报酬而努力工作。"从1995年左右开始,索尼公司逐渐实行绩效主义,外在物质动机的增强,以工作为乐趣这种内在的意识和自发的动机就会受到抑制。

绩效主义企图把人的能力量化,以此做出客观、公正的评价。但它的最大弊端是搞坏了公司内的气氛。上司不把部下当有感情的人看待,而是一切都看指标,用"评价的目光"审视部下。大家都极力逃避责任,这样一来就不可能有团队精神。索尼公司失去活力,就是因为实行了绩效主义。

涌流效应的启示

管理者要善于激活人,用活人,切实加强激情管理,按动管理的按钮,开启员工激情的引擎,让员工的激情迸发出来,能量释放出来,展示自身的才智和价值。这是管理的最高境界。

(1)引导员工快乐地工作。高昂的精神状态首先源于对所从事工作的热爱,人们喜欢做那些能够真正给自己带来快乐的事情。想让员工保持旺盛的激情,除了给员工一份合理的工资,更要尊重员工,理顺员工情绪,给员工一定的个人时间和空间,创造一个好的工作环境和生活环境,帮助员工提升个人价值,增强员工的归属感、自豪感、荣誉感、成就感,让员工做自己喜欢做的事情,真正体会到工作、学习、生活的快乐,并转化成巨大的精神涌流,为企业发展提供源源不断的动力。其实人心都是一样的,只要企业真心关爱他的员工,员工也会对企业有所回报。

（2）重视开发员工激情。激情是无法量化的，却是可以感受到的，对于企业的发展起着十分重要的作用，看似无形胜似有形。现在，绝大多数公司采用绩效管理，这是一种平等竞争，有利于解决工作和分配上的"大锅饭"。但绩效管理与治病服药一样有副作用，一旦操作不当，会让员工激情减退，创新力减弱，关注个体利益和眼前利益，协作配合变差，重关系轻能力，甚至出现"能者走、庸者留"的现象。企业要把推行绩效管理与人性化管理有机结合起来，把握好绩效考核的力度，切忌让员工成为一部生产的机器。特别是要注重激情管理，学会站在企业战略规划和发展目标角度，根据不同情况和员工的不同心理需求激发员工热情，找到激情激发点，激发员工的主观能动性，这才是管理的最高境界。

运用涌流效应需要注意的问题

（1）避免忽冷忽热。"问渠哪得清如许，为有源头活水来"。人的激情这股涌流也是有源头的，激情管理实际上是人心管理，激情的源头在于人心。要使员工的激情有增无减，精神涌流长流不息，企业必须精心培育优秀的团队文化，营造有利于激发员工激情的环境和氛围，形成取之不竭、用之不尽的精神之源。

（2）不要用激情代替技能。激情与技能是创造价值的基石，二者缺一不可。一个有才华的人，如果缺乏激情，很难产生最大的效益！一个有激情的人，如果缺少技能，也会心有余而力不足。

（3）管理者要保持旺盛的激情。要调动他人的激情，首先管理者在平时工作生活中要充满激情和斗志，困难的时候对企业的前景充满信心，表现出一种临危不惧、奋勇前进的英雄气概，这是管理者的基本素质。

竞合篇

老虎效应	合作大于竞争
三十秒效应	胜负有时只差30秒
马蝇效应	有马蝇叮咬,再懒惰的马也会飞快奔跑
鲶鱼效应	竞争犹如催化剂,可以最大限度地激发人的潜力
美洲虎效应	竞争对手是你成长的好帮手
藏獒效应	困境与竞争是造就强者的学校
森林狼效应	护弱损害效率,竞争带来繁荣
鲨鱼效应	先天不足不一定是坏事,努力能让劣势变成优势
雁阵效应	良性竞争,能者为先
拉锯效应	合群永远是一切善良人的最高境界

47. 老虎效应

合作大于竞争，合作是发展的重要途径。

老虎效应的由来

两人去山中露营，突然山背后钻出一只老虎，虎视眈眈，张着血盆大口，直奔他俩而来。其中一人赶快换上跑鞋，另一人不解地问："你换上跑鞋有什么用？难道你还能跑得过老虎吗？"对方答："我跑不过老虎，只要跑得比你快就行！"

"老虎效应"的精髓是竞争加合作，这是两个明显不同又有内在联系的话题。就竞争而言，只要保持领先于同行的优势，就能立于不败之地。就合作而言，老虎来了，是各自逃命？还是团结抗敌？

老虎效应告诉我们一个真谛：企业要有强烈的竞合意识，坚持既竞争又合作，合作大于竞争。只知独斗苦斗，不善合作，不是好企业。

老虎效应的哲理

老虎效应生动地阐述了企业既要长于竞争、以快制胜，又要善于合作、团结抗敌的深刻哲理。

（1）长于竞争，以快制胜。老虎来了，谁跑得快，谁就能够赢得生存空间和机会，这是自然界和人类社会适者生存的法则，是每个企业必须面对的问题。中小型企业面对大型跨国企业的追击，跨国企业面临垄断巨头的追击，垄断巨头面临政府行为的追击。面对强者的进攻，有时需要避其锋芒、保存实力。特别是面对业内同行的竞争，"快鱼吃慢鱼"已经成为企业生存定律。只有加快发展脚步，快速更新产品，抢先进入市场，领先同行，超越对手，才能立于不败之地。

（2）善于合作，团结抗敌。在当今市场经济环境下，构筑战略联盟，相互通力合作、优势互补是上上策。特别是应对外来竞争时，国内企业联手抱团、携手奋进更显得尤为重要。若对外来挑战和竞争不加理会，仍然专注于内斗，势必是鹬蚌相争、渔翁得利，让外来者不战而胜，等到毁灭之时才想起合作，为时已晚。企业应该具有强烈的竞合意识，既重视竞争，更重视合作，坚信合作大于竞争，合作是发展的重要途径。

老虎效应的实例

案例：华视传媒2年做强

华视传媒成立于2005年4月，初始专做公交数字移动电视。随着网络的扩张与资本的集聚，仅用2年时间便登陆纳斯达克，创造了纳斯达克企业从零开始最快的上市记录，被誉为"中国文化概念的一面旗帜"。

2009年10月，华视逆势而上，以1.6亿美元收购DMG（数码媒体集团），从"地上"扩张到了"地下"，成为全国最大的地铁公交全覆盖移动电视经营网络运营商。据有关统计数据，华视传媒已覆盖中国30多个具备经济辐射力的城市，覆盖受众达3亿人。

华视传媒创业仅2年，便大胆地决定"进军"纳斯达克；2009年10月，同样仅隔2年后的华视决定在纳市大胆增发，用募集的1亿多美元收购DMG。多次快速整合的"快鱼吃慢鱼"方式奠定了华视传媒行业龙头的地位。

老虎效应的启示

老虎效应带给我们诸多的联想和启发：企业要虎口逃生，有很多路径可以选择。

（1）增强危机意识。做企业，"老虎"无处不在，管理者应该保持高度警惕，"始终战战兢兢，始终如履薄冰"，必能收到哀兵必胜的效果。

（2）认清自我，量力而行。明知山有虎，偏向虎山行，这种精神值得敬佩，但若对自己的实力认识不够，拿弱小身躯去抗衡老虎，无疑送死。有的企业不能客观看待自己，略有成就就迷失了自我。明明缺乏实力，需要韬光养晦，稳健成长，却夜郎自大，在不充分了解竞争环境情况下，盲目扩张，盲目竞争。本想靠多元化生存和发展，结果事与愿违，弄得头破血流，血本无归。

（3）战略思考，高瞻远瞩。做企业，市场就是吃人的老虎，你比竞争对手跑得快，但你最终能否跑过市场？人无远虑，必有近忧。缺乏战略思考，仅靠一时跑得比同行快，非但害了同行，也救不了自己。市场已经进入战略制胜的时代，企业一定要有战略谋划，高瞻远瞩，从长计议，在确保经营安全的同时，力求既快速又稳健地发展壮大。

（4）心系社会，谋求共赢。企业和企业家应该有高度的社会责任感，不仅自己"跑得快"，而且要像火车头那样带动其他企业和大多数人也"跑得快"。国务院总理温家宝在回答中外记者提问时指出："一个正确的经济学同高尚的伦理学是不可分离的。也就是说，我们的经济工作和社会发展都要更多地关注穷人，关注弱势群体，因为他们在我们的社会中还占大多数"。如果企业都能响应温家宝总理的号召，有高度的社会责任感，以社会和大多数人的利益为重，公平竞争，谋求共赢，大多数人民群众一定会得到更多的实惠，社会一定会在公平正义中获得稳定，在稳定中不断进步。

运用老虎效应需要注意的问题

（1）防止极端。站在不同的角度，对老虎效应有不同的理解和思考，但要注意科学思考，中和思路，不可走向极端。利益驱动竞争，永远的利益决定永恒的竞争。运用老虎效应不能强调竞争而忽视合作，或强调合作而忽视竞争。最理想的方式是既竞争又合作，合作大于竞争。

（2）诚信做"人"。合作需要方方面面的诚意。市场不是战场，市场有规则可循；竞争不是战争，竞争不是直接消灭对手，而是争夺市场份额，如众星捧月，共同把市场做大。如果不讲规则，损人利己，一味地打打杀杀，结果只能是两败俱伤。诚信做人，共守规则，谋求双赢，就能共同推进市场发展，推动社会进步。

48. 三十秒效应

30秒蕴藏极大的机会，决定胜负有时只差30秒。

三十秒效应的由来

麦肯锡公司曾经为一家重要的大客户做咨询。咨询结束后，麦肯锡的项目负责人在电梯间里遇见了对方的董事长。董事长问麦肯锡的项目负责人："你能不能说一下现在的咨询结果呢？""由于没有准备，项目负责人无法在电梯从30层到1层的30秒钟内把结果说清楚。"结果，麦肯锡失去了这一重要客户。

从此，麦肯锡要求公司员工要在最短的时间内把事情的结果表达清楚，凡事要直奔主题、直奔结果。麦肯锡认为，一般情况下人们最多记得住一二三，记不住四五六，所以凡事要归纳在三条以内，在最短的时间内表达清楚。这就是如今在商界流传甚广的"三十秒效应"。

三十秒效应的哲理

麦肯锡总结咨询的经验教训，提出三十秒效应，发人深省。

（1）"成败只在30秒"。在历史长河中30秒是微不足道的，但对于一件事情的成败、甚至一个人的成败却是至关重要的。参加职业应聘，面对主考，表现过于紧张，说话犹豫、啰嗦、答非所问，主考在30秒内就会给你定性。商务交谈，客户急于知道的东西，应该在30秒内提纲挈领地阐述出来，否则将会功亏一篑。可以说，30秒钟的表演和接触虽短，却足以发现人的素养、能力、效率和水平，成败亦可定义。

（2）时间体现竞争力。任何一项工作，在一定的时间内完成会产生非常好的效果，错过时机就会适得其反。学会时间管理，有效地利用时间，是企业和个人在竞争中立于不败之地的重要保证。

（3）时间需要管理。工作无限，时间却是有限的，需要加强时间管理。时间管理的实质是管理自我，也就是对自己的工作进行统筹安排，分清轻重缓急，坚持要事第一，抓住关键时机，取得良好的时间效益。三十秒效应的重要意义在于精心管理时间，有效运用黄金时间，在满足他人要求的前提下，实现自我成功。

三十秒效应的实例

案例：白沙的简单文化

白沙烟厂是湖南的头号利税大户，年创利税突破50亿元，在全国烟草行业中排在第七位。"白沙"的奇迹，与其推行"简单管理"，提高工作时效有很大关系。

推行简单管理，就是将简单的理念化为具体行动，重整和理顺流程，舍弃无效的环节，将复杂的程序简单化、规范化、系统化，使管理变得简洁、清晰、明了。如今，简单管理在"白沙"已蔚为风气。三级门卫变成一级门卫，三级质检变成一级质检，三级工艺变成一级工艺。不搞频繁的应酬，不开无关紧要的会议，不写冗长总结。在白沙集团总裁、长沙卷烟厂厂长卢平的办公桌上看不到大摞文件、报告，只有一张纸，上面直截了当地写着当天或当月的重点工作。一个3 000人的大厂，厂长管理"简单到一张纸"，这是何等的清晰、快捷！

三十秒效应的启示

三十秒效应告诉人们，许多时候企业不是"卖产品"，而是"卖自己"。任何一个人在推销产品之前，一定要把自己先推销出去，也就是能够在短时间内表达出自己的意见和看法，展示自己的能力。达到这样的要求，需要加强技能培训和日常锻炼，切实提高四种能力。

（1）表达能力。在三十秒效应中，讲话是最基础的。要表达清楚、有说服力，就要锻炼语言表达能力。养成简捷的讲话习惯，如果一件事用30秒都不能阐述清楚，就停住话题。

（2）分析能力。任何一件事情、一项商务活动都有表象和内在实质，用简单的语言表述出来，需要对问题深度挖掘，提炼沟通的重点和主题，让对方在最短的时间里了解事情的真相或你的真实意图，切忌拖沓冗长。

（3）归纳能力。说话人的思路和条理性是很重要的。要在透彻分析问题的基础上，有条理地说明问题，让别人听到之后就知道你的思路和层次。这就要用心留心，把准备工作做好，学会列提纲、打腹稿。机会总是留给那些有准备的人的。

（4）发问能力。根据销售心理学统计，在你跟客户开口的前 30 秒决定了他愿不愿意再听你讲下去，你必须在 30 秒之内吸引他的注意力。如果在这 30 秒内提出让对方感兴趣的问题，就能吸引对方更大的注意。

运用三十秒效应需要注意的问题

三十秒效应说起来容易，做起来难。每个经理人和业务人员都要加强这方面能力的培养。

（1）加强时间管理，提高执行效率。企业有许多工作都需要加强时间管理，精简流程，缩短时间，提高工作效率。比如简短的工作汇报、简明的会议、简要的客户沟通等。原本需要一天或几个小时的事情，把它简练到几十分钟或几分钟，创造的工作效率就会相当高。就某种意义上说，缩短时间就是创造效益。当企业中的每一个员工都具备这样能力的时候，企业内部沟通就会畅通无阻。

（2）增强自身能力，提高沟通效率。三十秒效应告诉我们：要想获得成功，必须要强化技能训练，提高演讲和写作等方面的沟通水平，重点把握三个方面：一要出语惊人，二要短小精悍，三要提炼观点。

49. 马蝇效应

再懒惰的马，只要身上有马蝇叮咬，它也会精神抖擞，飞快奔跑。

马蝇效应的由来

马蝇效应源于美国前总统林肯的一段有趣的经历：

1860年大选结束后几个星期，有位叫作巴恩的大银行家看见参议员萨蒙·蔡思从林肯的办公室走出来，就对林肯说："你不要将此人选入你的内阁。"林肯问："你为什么这样说？"巴恩答："因为他认为他比你伟大得多。"林肯说，"你还知道有谁自认为比我要伟大的？""不知道了。"巴恩说，"不过，你为什么这样问？"林肯回答："因为我要把他们全都收入我的内阁。"

这位银行家的话是有根据的，蔡思的确是个狂妄十足的人。不过，他也的确是个大能人，林肯十分器重他，任命他为财政部长，并尽力与他减少磨擦。蔡思狂热地追求最高领导权，而且嫉妒心极重。他本想入主白宫，却被林肯"挤"了，他不得已而求其次，想当国务卿。林肯却任命了西华德，他只好坐第三把交椅，因而激愤不已。

后来，《纽约时报》主编亨利·雷蒙特拜访林肯的时候，特地告诉他蔡思正在狂热地上蹿下跳，谋求总统职位。林肯以特有的幽默讲道："雷蒙特，你不是在农村长大的吗？那么你一定知道什么是马蝇了。有一次我和我的兄弟在肯塔基老家的一个农场犁玉米地，我吆马，他扶犁。这匹马很懒，但一段时间它却在地里跑得飞快，连我这双长腿都差点跟不上。到了地头，我发现有一只很大的马蝇叮在它身上，于是我就把马蝇打落了。我的兄弟问我为什么要打掉它。我回答说，我不忍心让这匹马那样被咬。我的兄弟说：'哎呀，正是这家伙才使得马跑起来的嘛！'"林肯意味深长地说："如果现在有一只叫'总统欲'的马蝇正叮着蔡思先生，那么只要它能使蔡思不停地跑，我就不想去打落它。"

人是高级动物，但在一些人身上也有类似马一样的惰性。美国管理学家麦格雷戈于1957年提出了X—Y理论。麦格雷戈把传统管理学称为"X理论"，他自己的管理学说称为"Y理论"。X理论认为：多数人天生懒惰，尽一切可能逃避工作，对多数人必须采取强迫命令、软硬兼施的管理措施。Y理论则相反，认为一般人并不天生厌恶工作，多数人愿意对工作负责，并有相当程度的想象力和创造才能。控制和惩罚不是使人实现企业目标的唯一办法，还可以通过满足职工爱的需要、尊重的需要和自我实现的需要，使个人和组织目标融合一致，达到提高生产率的目的。

从 X—Y 理论中可以看出，无论是"性本懒"还是"性本勤"的假设，人都需要"马蝇叮咬"，只不过"马蝇叮咬"方式不同，有强制、监督、惩罚和尊重、鼓励之别。其实，两种方式都是激励。管理者应有针对性地采取激励方法，让人受到刺激后振作精神，视工作为娱乐，变得更加勤奋和有责任感。这就是马蝇效应。

马蝇效应的哲理

人不仅需要激励，而且需要持续的激励。

（1）人不激不奋。被马蝇叮咬的马，疼痒难忍，若拂之不去，就会狂奔，企图将其甩掉。马不仅没有因为疲惫而身亡，反而由于不停运动，生命力更加旺盛。人也是如此。冯梦龙说："水不激不活，人不激不奋。"柔弱的水被激活，小可灌溉万顷良田，大可托起万吨巨轮。人的潜力被激活，平凡的胸膛内就会燃烧起创造的烈焰、工作的热情，将梦想变为现实！管理者应有效地运用激励手段，激活每一个员工，让人人都"奔跑起来"，使企业充满生机活力，保持良好的发展势头。

（2）激励的过程是漫长的。潜力是创造的原动力，但挖掘潜力的过程却是艰辛的漫长的。激励永无止境，创造永无止境。19世纪末，曾经有人断言：人类的智慧已经被发挥到了尽头，前方已经没有可以开拓的空间。人类已经创造出了一切，20世纪将是一个只能尽情享受的世纪。然而，话音未落，全新的20世纪，使得人类不得不发出这样的感慨："科技正在以秒的速度前进着！"人类不仅实现了如鸟一样在蓝天上自由翱翔的梦，人类的身影还闪现在了遥远的太空；打电话已不再是富人的标志与专利，寻常的百姓，只要轻轻一按，就能把电话打到世界的任何一个角落；电脑、网络、蓝牙、芯片、液晶、背投、等离子、非物质、暗物质每一个全新的概念都在无声地嘲讽着"人类已无新创造"的荒唐论调。管理者不要满足于一得之功，而应具有"挖掘"的意识与勇气，坚持不懈地激励员工，不断地开发蕴藏在员工之中的潜力，把潜力变成智慧，变成企业前进中取之不尽、用之不竭的动力。

马蝇效应的实例

案例：麦当劳的职务激励

"汉堡包王"麦当劳公司为激励员工的工作热情，给勤奋上进的年轻员工提供了不断晋升的机会。员工在进入麦当劳后，表现出色者，8~14个月可以上升为一级助理，成为经理的左膀右臂。在工作实践中，表现突出的一级助理就会被提升为经理，实现当管理者的愿望。

为了使优秀人才能早日得到晋升，麦当劳建立一种机制：管理人员无论多么有才华，工作多么出色，如果没有预先培养自己的接班人，其在公司里的升迁将不被考虑。由于关系到个人的前途和声誉，每个管理者都会尽一切努力培养接班人，为新员工提供成长的机会。

这种机制有效解决了管理人才青黄不接的问题，保证了管理队伍的延续性和稳定性。它也像马蝇一样，使麦当劳这匹骏马奔腾不息。

马蝇效应的启示

马蝇效应给我们的启示是：一个人只有被"叮着咬着"，他才不敢松懈，才会努力拼搏，不断进步。"马蝇效应"不失为管理的有效办法。

（1）善待"马蝇"。企业组织类似于马群，而那些个性鲜明，同时又能力超强、富有变革精神的员工，就是企业中的"马蝇"。这些员工在企业具有不可或缺的作用，正是他们的存在，一个企业、一个部门或一个团队，才会充满生机与活力，能够持续成长，有效发展。一个企业如果长时间保持风平浪静，会安于平庸，失去前进动力。

（2）学做"马蝇"。马蝇效应有利于开发和调动员工的积极性和创造性。优秀的管理者应善于用好马蝇效应，甚至把自己变成马蝇，刺激员工的行为，激发员工的斗志和潜能，防止员工在"平静中休克"，激发出员工的工作热情。

（3）用好目标激励。有目标就会有压力，有压力就会产生动力。作为一名管理者，一定要明确企业整体目标、年度计划和当前的主要工作，并据此将任务目标分解到每一个岗位，传递压力，让全体员工都明确自己的长远目标与具体工作，并为之奋斗，保证整体目标的实现。

运用马蝇效应需要注意的问题

（1）马蝇要叮得适度。随着中国经济的快速发展和企业管理的进步，员工的素质越来越高，自我管理的欲望越来越强。以往的那些靠制度、标准、流程的管理显得过于僵化，靠文化影响员工又非"一日之功"。如何更好地激发员工的工作热情？"马蝇"就是企业管理中的有效激励因素，能够让能力突出的员工卖力工作，让一般化的员工奋力追赶、摆脱平庸。当然，"马蝇"到底要多大，是管理者必须思考的一个问题。否则让马儿跑得精疲力竭，以至吐血而亡，那就是"舍本逐末"了！

（2）区别对待马蝇。马蝇分两种，个性化员工也分两种，应区别对待。企业要寻求最"合适"的员工来做"马蝇"。除了工作能力强这个硬指标外，最为重要的是认同企业的核心价值观。马蝇式员工是一种资源，往往在关键的时候起着不可替代的作用，但在日常工作中也有十分明显的"反作用"。对待这一类员工，应该十分慎重。

（3）激励方式多样化。人的欲望和需求是千差万别的。有的人比较理想，可能更看重精神上的东西，比如荣誉、尊重；有的人比较功利，可能更看重物质上的东西，比如金钱、名利。针对不同的人，要对症下药，投其所好。越是有能力的员工越难管理，他们有很强烈的占有欲，或既得利益，或权势，或金钱。要想让他们安心、卖力地工作，就要具体对象具体分析，采用恰当的激励方式。总之，运用马蝇效应要因人而异，注重激励方式的针对性、灵活性、多样性，让所有员工都"奔跑"起来。

50. 鲶鱼效应

适当的竞争犹如催化剂，可以最大限度地激发人们体内的潜力。

鲶鱼效应的由来

挪威海域盛产沙丁鱼。如果能让沙丁鱼活着抵港，卖价就会比死鱼高好几倍。但沙丁鱼生性懒惰，不爱运动，返航的路途又很长。渔民捕获的沙丁鱼，运上岸后大都是死鱼。有一次，渔民捕获的沙丁鱼到岸时都活蹦乱跳，卖了好价钱。探其究竟，原来是鱼网中混入了几条鲶鱼。鲶鱼是食肉鱼，生性好动爱斗，搅得沙丁鱼东躲西藏。沙丁鱼动起来了，生命也就得以延续。

类似上述故事描述的现象，在社会生活中比比皆是。一个公司，人员长期固定，就缺乏活力与新鲜感，管理者有必要引进"鲶鱼"，制造一些紧张气氛，使员工有种压力感、危机感和紧迫感，企业自然会焕发生机与活力。

经济学将这种用强者激活弱者的管理方式称为鲶鱼效应。

鲶鱼效应的哲理

适当的竞争犹如催化剂，可以最大限度地激发人的潜力。企业形成竞争气氛，员工有危机感、有进取心，企业才能有活力。

（1）有竞争才能有发展。鲶鱼效应实际上是一种最佳的生存危机驱动效应，不仅激发整个组织成员的生存危机意识，而且还能有效地团结组织中的每一个成员，增强凝聚力，万众一心地突破生存困境，使企业转危为安。运用鲶鱼效应，就是要打破原有的平静，制造竞争，激活人心。就像草原上的狮子和羚羊的生存竞争游戏一样，狮子要比羚羊跑得快，才可以不被饿死；而羚羊永远要快过狮子，才能生存，结果是两者都得到了有效的激励和进化。

（2）竞争是自然界和人类社会优化各类资源配制的重要途径。动物没有竞争会变得死气沉沉，人类社会没有竞争会失去生机，企业没有竞争会失去前进的动力，也就没有企业的自我发展。市场的运作更是如此，没有竞争就没有市场的发育，因为自然界和人类社会的发展规律就是物竞天择、适者生存。

鲶鱼效应的实例

案例：本田公司的"鲶鱼"效应

本田先生受到鲶鱼故事的启发，决定进行人事方面的改革。首先从销售部入手，从其他公司挖来了销售部副经理、年仅35岁的武太郎。武太郎接任本田公司销售部经理后，凭着自己丰富的市场营销经验和过人的学识，以及惊人的毅力和工作热情，极大地影响和调动了员工的工作热情。销售活力大增，月销售额直线上升，公司在欧美市场的知名度不断提高。而且销售部作为企业的龙头部门带动了其他部门经理人员的工作热情和活力。

从此，本田公司每年从外部"中途聘用"一些精干的、思维敏捷的、30岁左右的生力军，有时甚至聘请常务董事一级的"大鲶鱼"。这样一来，公司上下的"沙丁鱼"都有了触电式的感觉，业绩蒸蒸日上。

鲶鱼效应的启示

鲶鱼效应是指在一定条件下，引进强势人才、制造竞争和危机，形成优胜劣汰机制，从而促进每一个体的发展，提高整体的活力。灵活运用鲶鱼效应，对企业大有益处。

（1）改革体制、转换机制，营造竞争氛围。当一个组织的工作达到较稳定的状态时，常常意味着员工工作积极性的降低，这时候"鲶鱼效应"将起到很好的"医疗"作用。一个组织中，如果始终有一位"鲶鱼式"的人物，无疑会激活员工队伍，提高工作业绩。"鲶鱼效应"是企业领导层激发员工活力的有效措施之一。事实说明，竞争是发展的动力。改革体制、转换机制，是营造竞争氛围的催化剂。

（2）领导要做"鲶鱼"。沙丁鱼象征着一批同质性极强的群体，大家技能水平相似，活力不足，效能低下。鲶鱼领导者的到来，有开拓力、冲击力，敢想、敢闯、敢干，大烧三把火，整顿纪律，规范制度，改造流程，合理配置岗位，臃肿的机构简化了，员工被激活了，经营有了起色，企业就会充满希望，焕发出勃勃生机。一名成功的领导者可以救活一个濒临破产的企业，一名软弱的领导者可以毁掉一个好端端的企业。作为领导者要牢记自己的使命和责任，不断提升职业素养，增强领导力，做一条称职的"鲶鱼"。

（3）要善待"鲶鱼"。给"鲶鱼"提供合适的岗位和工作环境，不求全责备，用其所长，避其所短，不能因为一个小小的缺点就将他们光彩照人的另一面全盘否定。要善于引导，将他们的缺点所产生的副作用降到最低点，必要时给予适当的保护。

运用鲶鱼效应需要注意的问题

运用鲶鱼效应，需要审慎处事，把握好度，消除鲶鱼效应的副作用。

（1）处理好改革与发展、稳定的关系。改革是动力，只有不断深化改革，才能解决经济社会发展中的困难和问题；发展是目的，只有加快发展，才能实现"三步走"的战略目标；稳定是前提，只有保持稳定，才能为改革和发展创造有利条件。三者相互作用、相互影响，不可偏废。当前，面对世界金融危机，国家和企业都有困难。不少企业力求通过改革度过难关，但要把握好度，尽量不要裁员，以免给社会增添更大的就业压力，带来一些不稳定因素。

（2）要做阳光型领导。做阳光型领导，是新时期领导干部的重要标准，特别是在企业改革、干部选拔任用等方面，要在阳光下操作运行，正确对待人和事，坚持"一碗水端平"，将自身的行为置于全体员工的监督之下，强化自我约束，防止滥用权力，更为有效地发挥表率作用。

（3）改革要有序有度有效。企业需要改革的事项较多，孰先孰后，节奏快慢，都必须斟酌，做到周密细致，有条不紊。企业改革要注意阶段性，达到一定的平衡，保持相对稳定性，不要因为没完没了的改革影响了发展和稳定。改革要尊重科学，讲究效率和效果，切忌凭一时的头脑发热，随心所欲。

51. 美洲虎效应

竞争是活力之源，竞争对手是你成长的好帮手。

美洲虎效应的由来

在秘鲁国家森林公园里，生活着一只年轻的美洲虎。秘鲁人为了保护珍稀的老虎，精心设计和修建了豪华的虎舍，并放入了食草动物作为"活食"。凡是到过虎园参观的游人都说，如此美妙的环境，真是美洲虎生活的天堂。

让人感到不解的是，从没有人看见美洲虎去捕捉过那些专门为它预备的"活食"，美洲虎只是耷拉着脑袋，睡了吃，吃了睡，一副无精打采的样子。于是，政府又通过外交途径，从哥伦比亚租来一只母虎与它做伴，但结果还是老样子。

动物行为专家告诉管理员，老虎是森林之王，在它所生活的环境中，不能只放上一些不知道猎杀的动物。即使不放进几只狼，至少也应该放进两三只豺狗。否则，美洲虎是无论如何也提不起精神的。

动物园采纳了专家的建议，引进了几只金钱豹。自从金钱豹进了虎园，美洲虎便再也躺不住了，那种刚烈威猛、霸气十足的本性被重新唤醒。成了这片广阔虎园里真正意义上的森林之王。

人们把这种强者也需要竞争的现象，称为美洲虎效应。

美洲虎效应的哲理

美洲虎效应蕴含着生动的故事性和丰富的哲理性。

（1）强者需要竞争。美洲虎作为百兽之王，没有对手就会变得无精打采。同样，一个人、一个群体，无论多强，如果没有旗鼓相当的对手，就会产生惰性，丧失活力，庸碌无为。只有让强者感受到竞争的压力，才能激励强者进入角色，展现自身的价值。

（2）竞争是活力之源。体育竞技比赛一开始，参赛人员的精神状态立马振作起来，这就是竞争的魅力。同理，在社会生活中，面对对手的竞争，你不得不奋发图强，不得不革旧鼎新，不得不锐意进取，于是动力十足、活力四射。

（3）"棋逢对手"是福。许多人都把对手视为心腹大患，恨不得马上除之而后快。其实拥有一个强劲对手，会让你时刻有一种危机感，会激发你更加旺盛的精力和斗志，会"逼"着你提升技能，使你加快成长、日趋强大。

美洲虎效应的实例

案例：一对非凡的竞争者

百事可乐在最初的 70 年里，一直是地方性品牌，直到 20 世纪初找到了竞争对手——可口可乐，开创了发展史上一个崭新的时代。可口可乐也是一样，没有百事可乐这样一个竞争对手，也不会有今天的辉煌。

这对知名的对手造就了伟大的商业竞争，都从对方企业找到了灵感，得到了发展。正如百事可乐公司 CEO 唐沛德所说："我们离不开可口可乐的竞争"。百事可乐公司董事长罗杰·恩里克也说过："如果没有可口可乐这个强劲的竞争对手，我们就不能开发更好的产品，也没有这么高昂的竞争精神。"可口可乐 CEO 罗伯托·郭思达（1981—1997）这样评价双方的竞争："如果没有百事可乐的存在，我也会把它发明出来，它使我们、包括他们自己，时刻保持警醒、丝毫不敢松懈。我们是一对非凡的竞争者。"

美洲虎效应的启示

美洲虎效应告诉我们要正确看待竞争、善待竞争对手，学会用竞争调动强者的积极性。

（1）不要害怕和回避竞争。竞争对手就像在同一赛场上奔跑的马，通过竞赛才能跑得更快。有了竞争才能尽显才华，才能认清自我，超越自我，成为强者，在竞争中才能看见自身的缺点和对手的长处。竞争是一种动力，只有竞争，才能加快成长，逐步强大。

（2）不要仇视竞争对手。竞争对手是你发展壮大的重要推手，值得你尊重，而不是仇视。日本三洋电机的创始人井植熏在向客人介绍自己企业的同时，总是带着尊重的口气介绍同行业的强劲对手，如索尼、松下、夏普等。正是这种尊重，才使日本的电器以集团的优势驰名于国际市场。所以，企业要善待竞争对手，互尊互助，携手并进。

（3）不必保护强者。不少团队都有数量不多的强者，他们能力强，业绩突出，受到领导和同事的赞扬和尊重。时间一长，有的强者居功自傲、藐视同事，甚至养尊处优，不再努力，成为整个团队进一步发展的桎梏。解决这个问题的理想办法是不娇惯、不放纵、不袒护，通过培育或招聘等形式，选择一个或几个"美洲豹"式的强者与其竞争，让强者也有危机感，像"美洲虎"那样重新焕发"虎威"，恢复失去的"光荣"。

运用美洲虎效应需要注意的问题

营造良好的竞争环境和氛围，大力宣传竞争的意义和作用，倡导和引导员工、特别是强者积极参与竞争。制定有效的竞争规则，开展有序有度的竞争，加强对竞争的监控和评估，营造公开、公平、公正的竞争氛围，保证竞争的健康进行。

52. 藏獒效应

困境是造就强者的学校，让企业在竞争中生存。

藏獒效应的由来

藏獒是一种名贵犬类，一只上等的藏獒身价高达百万元人民币。

据说，当幼小的藏犬长出牙齿并能撕咬时，主人就把它们放到一个没有食物和水的封闭环境里，让这些幼犬互相撕咬，最后唯一幸存的被称为獒，而十只藏犬才能产生一只獒。

对于这些藏犬而言，最重要的是生存下来。处于"红海"之中激烈竞争的企业，处境与这些藏犬相似，也是生存之战。这就是"藏獒效应"。在如今的经济危机中，困境中蕴藏着机遇，主动迎战并在困境中发展的企业才能成为强大的企业。

藏獒效应的哲理

藏獒效应说明了"弱肉强食"、"强者生存"的哲理。

（1）环境造英雄。没有竞争的环境，就没有藏獒的威猛。与藏獒的产生一样，企业中的强者、员工中的优者，都是经过竞争的磨练和洗礼而产生的。竞争对于积极奋进的人是机遇，对于悲观退缩的人是苦难，所以，困境是造就强者的学校。

（2）勇敢地面对竞争。竞争是一种刺激，一种激励，也意味着新的选择和新的机遇。主动应对竞争，敢于挑战，才能顺应社会潮流，在激烈的竞争中生存下来。企业要营造竞争机制，培养一支观念新、技能高、能打硬仗的员工队伍，提升核心竞争力。

（3）市场经济是天然的竞争经济。市场经济的显著特点是竞争，没有竞争，市场就会死水一潭，缺乏生机与活力。竞争又是永恒的，市场的瞬息变化，会让稍微懈息的企业陷入困境。特别是在世界经济格局下，垄断行业独家经营的局面逐步被打破，产品品种竞争、质量竞争、服务竞争、价格竞争无处不在。优胜劣汰的法则看似残酷，却是推动社会进步的法宝。

藏獒效应的实例

案例：比斯高公司的竞争文化

比斯高公司行政主管唐纳·肯杜尔认为：在生意上遇到强劲、精明的竞争对手，是用钱都买不到的"好事"。在他看来，竞争是重燃斗志、走向成功的真正力量。"有很多人苟且偷生，毫无竞争斗志，最后白头以终。对于这类人，我只感到悲哀。打从做生意以来，我一直很感激生意竞争对手。这些人有的比我强，有的比我差；但不论如何，他们令我跑得更累，但也跑得更快。脚踏实地地竞争，最足以保障一个企业的生存。"

在比斯高公司，接班人不论男女，都要过竞争性的生活。他们不能只满足于与对手平起平坐，也不能满足于产品质量和生产设备不输他人，而是要超过对手。做不到这一点，这个接班人就是不合格的。在比斯高公司的公司文化中，竞争是最核心的内容。他们有一个信条：超过对手是此生中获得成功、幸福的唯一途径。正是在这种文化的熏陶下，比斯高公司的员工受到了更多的竞争力的训练，生产线不断扩大，成为同类企业中的佼佼者。

藏獒效应的启示

藏獒效应对于企业建立竞争机制、营造竞争环境、宣传竞争氛围具有现实而又重要的意义。

（1）营造"藏獒"的生存环境——制造危机。危机意味着危险，也意味着机会。危机不仅带来麻烦，也蕴藏着无限商机。世界首富比尔·盖茨说："微软离破产永远只有18个月。"现代企业离不开危机管理，要在员工中适度地注入危机管理和冲突管理，营造竞争氛围，把市场竞争的压力传递到每个管理者、每个员工身上，让人人都有动力，企业充满活力。

（2）具有藏獒的勇气——勇者无敌。我们生活在一个变革的时代，挑战和机遇同在，竞争是它的最显著特征。竞争是一种刺激，一种激励，也意味着新的选择和新的机遇。只有具有藏獒那样的勇气，勇于竞争，无敌无畏，敢打敢拼，才能成为强者，在激烈的竞争中立于不败之地。

（3）具有藏獒的奋斗进取精神——告别惰性。人都有惰性，如果让自己老是处在轻松宽裕的环境中，谁都会慢慢滋生安逸享受之心，安于现状，不思进取。拿破仑曾说过："不想当将军的士兵不是好士兵。"面对市场日益激烈的竞争，企业要发扬积极进取精神，既要有成功的欲望，又要有脚踏实地的行动，不遗余力，力求做得更好。

（4）着眼于培养企业内部的"獒"——让企业成为一潭活水。十条藏犬才出一獒，獒的能量和价值比十条犬要大得多。企业的管理者应学会把握企业内部的冲突管理和危机管理，想方设法给员工制造竞争的压力，让员工成为赛场奔跑的"马"。通过赛场选优，形成"能者上、平者让、庸者下"的机制，使队伍充满活力，企业充满生机。

运用藏獒效应需要注意的问题

（1）把人的竞争与动物竞争区别开来——把握竞争的适度性。竞争需要掌握尺度和分寸，做到人性化、规范化、有序化。既能够激发员工的士气，又有利于增强企业的凝聚力和协调力，打造过硬的企业团队。

（2）把市场竞争与战争区别开来——遵守规则、恪守诚信。竞争要遵守规则，诚信经商，靠优秀的产品质量、优质的服务、合适的价格赢得客户，而不是尔虞我诈，巧取豪夺。维护市场秩序、良性竞争是企业竞争的基本准则。

（3）把竞争与合作有机结合起来——实现竞合（既竞争又合作）。竞争是前进的动力，但恶意竞争、相互残杀，只能是两败俱伤。坚持良性竞争，有效合作，把对手当作盟友，变为各方获益的双赢或多赢，共同推动市场经济的发展，推动社会的文明进步。

53. 森林狼效应

护弱损害效率，竞争带来繁荣。

森林狼效应的由来

美国阿拉斯加森林公园有狼也有鹿。狼的存在，对鹿的生存构成极大威胁，迫使鹿天天疲于奔命。森林的主人萌生怜悯之心，一度组织人员将狼赶跑，让鹿安居乐业。过了几年，森林主人发现鹿群发展壮大，家族兴旺，但一只只鹿却贪吃贪睡，膘肥体胖，形态臃肿，跑动起来也不像原来那样轻盈快捷。他们感到这样下去，鹿的种群将会严重退化。为了遏制颓势，实现鹿群的优化，他们又引狼入园。这样一来，部分病态的鹿成为狼的食物，遭到淘汰，鹿的数量减少了，但活着的鹿体格健壮，善于奔跑，整个鹿群重新呈现出生机与活力。

管理上将这种由保护弱者变为引导竞争的做法称为森林狼效应。

森林狼效应的哲理

怜悯未必是好事，护弱损害效率，最好的办法是让弱者在竞争中强壮起来。

（1）有怜悯之心未必有好结果。孟子说："恻隐之心，人皆有之。"每个人都会同情弱者，但是，这种怜悯之心未必有好结果。往往越是同情和保护弱者，弱者越会心安理得，不求进取，滋生惰性，就像被保护的鹿那样，寝食无忧却引发了种群退化。

（2）护弱损害效率，竞争带来繁荣。森林狼效应说明，用怜悯之心袒护弱者会使弱者更弱。在市场竞争中采取地方保护主义，虽能暂缓地方利益的流失，却动摇了地方长期发展的根基。积极引入竞争机制，实行优胜劣汰，强者会更强，弱者会绝处逢生、由弱变强，企业会成为一池活水。

森林狼效应的实例

案例：国产卷烟竞争力在保护中衰减，在竞争中不断提升

20世纪90年代，我国的卷烟生产出现饱和，产量过剩，卷烟市场已由卖方市场转入买方市场。随着市场经济的发展，消费者也日渐成熟，形成了固定的消费者群体，国内各大企业的名优品牌卷烟已基本把卷烟市场划分完毕。

卷烟高回报率和高税收的诱惑，使各地大搞地方封锁，有些省、市烟草销售部门明确规定，只允许卖本地产烟和个别省份的烟，不准经营省外烟或其他产地的烟。对于合法过境的卷烟也采取罚款等措施，阻止正常运输和流通。地方保护为没有市场潜力的产品硬性建立市场，破坏了公平竞争的生存环境，影响全国烟草行业的发展。

后来，国家三令五申要求破除地方保护主义，国家卷烟市场又开始出现活力，国优名牌卷烟流通状况有所好转，销量有所增长，国产卷烟市场竞争力不断提升。

森林狼效应的启示

森林狼效应给我们最大的启示是尊重规律，直面竞争，赢得未来。

（1）全面开放，与狼共舞。改革开放打破了闭关锁国局面，世界500强纷至沓来，竞争可谓激烈。起初，不少人担心，我国的企业多是年幼弱小的"羔羊"，会不会成为"狼群"的美餐。三十年后的今天，人们高兴地看到，不少原本瘦弱的"羊"，正在越变越大，越变越强。

（2）尊重市场规律，形成经济规模。在市场经济中，优胜劣汰的经济规律为企业创造了公平的竞争和发展环境，这有利于提升中国企业的整体质量。相反，在地方政府保护下的企业，就像温室里的花朵，经不住风雨的吹打。一旦没有了政府的呵护，结果不言而喻。中国企业走向世界，首先要尊重经济规律，打破地方保护主义的锁链。如果对落后企业多方呵护，该退不退、该破不破，使优势企业无法根据发展需要兼并和重组，也难以做大做强。资源得不到合理优化，不仅不利于形成规模经济，而且难以产生中国的名牌。中国企业只有参与世界竞争，走向世界，才能在为国家、民族创造巨大物质财富的同时，树立民族企业的形象。

运用森林狼效应需要注意的问题

运用森林狼效应，与强大的跨国公司同台竞争，需要特别用心。

（1）树立良好的政府形象。地方政府肩负着规范市场和发展经济的重大责任。一个公正、廉洁、高效、诚信的政府，意味着投资环境良好，外商必然纷至沓来，而一个排外、腐败、不讲诚信的政府，是难以促进经济发展的。保护导致落后，开放带动发展。

（2）把握竞争规则和技巧。列宁曾经说过："与狼相处，就要学狼叫。"与资本世界打交道时，要阅读、熟悉国际市场竞争的"游戏规则"，改变自己传统的思维模式，在商贸活动中既不能违规办事，也不能在利益受到侵害时茫然不知所措。只有学会了"狼叫"，才能"与狼共舞"。还要在共舞中把国外公司的经验学到手，使自己"身强力壮"。特别是走向国外的企业，更要深入研究目标国的政策与法律，争取少交学费，避免重复犯错。

54. 鲨鱼效应

先天不足不一定是坏事，通过自身的不懈努力，劣势也能变成优势。

鲨鱼效应的由来

鲨鱼效应源于一个美丽的传说：

在很久以前，上帝创造了种类繁多的鱼，当时的鲨鱼只是一种小鱼。有一天上帝想赏赐每条鱼一个鳔，但是顽皮的小鲨鱼却在玩耍，等到小鲨鱼知道后，上帝已经走了。鱼依靠鳔才能在大海中自由沉浮，没有鳔的鲨鱼，在水里浮不起来，容易沉下去因缺氧死亡。为了生存，小鲨鱼不停地游啊游啊，肌肉越游越健壮，体格也越来越大。这样一代一代地繁衍生息，最不适合在海洋生存的鲨鱼，已经可以战胜适应海洋生存的各种有鳔的鱼类，终成"海洋巨无霸"。千年后，上帝来巡查，看见最强壮的鲨鱼觉得很奇怪："我对每条鱼都很公平呀！为什么就只有鲨鱼是这样？"鲨鱼回答说："因为当年我的祖先没有得到您的恩赐，所以只能不停地游，越游就越强壮了！"

鲨鱼效应告诉我们，先天不足是客观存在的，通过后天的不懈努力，劣势也能变成优势。面对困难、逆境，只要我们站在正确的角度，通过正确的思考，往往可以把不利变为有利。人生在世，不如意的事情占十之八、九，在挫折逆境中拼搏最终胜出，才能真正体现人生的价值。

鲨鱼效应的哲理

鲨鱼效应用一种现象和一个传说阐述了人生的哲理。

（1）事物是发展变化的。鲨鱼进化成为"海洋霸王"，说明事物是发展变化的，好与差、优与劣、强与弱之间都是可以转化的。任何悲观的思想都是消极的。唯有坚定信心，积极进取，勇往直前，谋求改变，才能好梦成真。无论是先天不足，还是一时失意，只要自信和努力，终将改变自己的命运。

（2）内因是变化的主导。外因只是变化的条件，最终起决定作用的还是自己的主观能动性。没有主观能动性，有再好的外部条件和机遇，也会丢失。没有条件，靠自身努力创造条件；没有资源，靠自身努力开发、整合、利用资源，让社会资源为我所用；没有经验，靠自身学习、探索、总结、体会，创造和积累经验；没有资金，靠勤奋、节俭积累资金，靠真诚友好合作筹集资金。

（3）先天不足也有机遇。现实中，很多先天条件差的企业认识到自己的不足，努力弥补，不断完善自我，从小到大、从弱到强，由市场追随者上升为市场主导者。而有些企业先天条件较好，就安于现状，不思进取，最终发展缓慢，甚至落伍。就某种意义上说，弱点、缺点、错误中蕴藏着机遇，关键在于正视不足，弥补不足。

（4）贵在努力和坚持。缺憾变优势需要许多因素，关键要有战略眼光，要不懈努力。鲨鱼从一个没有鳔的小鱼进化成强大的海洋霸主经过了几万年的时间，经受了无数次失败的痛苦，却矢志不渝。个人或企业的先天不足，可以通过后天的不懈努力加以弥补，让劣势变成优势。这不是说变就变的简单事，而是需要坚强的毅力，努力进取，永不懈怠。

鲨鱼效应的实例

案例：海伦·凯勒

20世纪，一个独特的生命个体以其勇敢的方式震撼了世界。美国盲聋女作家、教育家、慈善家、社会活动家海伦·凯勒，一个生活在黑暗中却又给人类带来光明的女性，一共度过了生命的88个春秋，却熬过了87年无光、无声、无语的孤绝岁月的弱女子。

海伦生于1880年，小时候被猩红热夺去了她的视力与听力，可怜的小海伦整天生活在无声、无光的世界里。为了让小海伦能读书、写字，海伦的爸爸妈妈不惜花费重金聘请到了安妮·莎莉文老师。

从莎莉文老师在海伦的小手上第一次写出洋娃娃这个词时，海伦就对这种手指拼写法产生了浓厚的兴趣。慢慢地，海伦可以读盲文了。为了学习更多的句子、单词，她不停地阅读盲人书籍，有时连手指头磨破了也不知道，还是一如既往地阅读着。凭着自强不息的顽强毅力，海伦学会了英、法、德、拉丁、希腊五种语言。正是这么一个幽闭在盲、聋、哑世界里的人，竟然毕业于哈佛大学德克利夫学院，还创作了《假如给我三天光明》、《我的生活》、《我的老师》等14本著作，并用生命的全部力量四处奔走，建起了一家家慈善机构，为残疾人造福，被美国《时代周刊》评为美国十大英雄偶像，荣获"总统自由勋章"。

鲨鱼效应对个人的启示

把先天不足变为后天优势，需要主观努力，做到自知、自尊、自信、自强。

（1）自知——知耻而后勇。人贵有自知之明，需要经常"解剖"自己，检讨自己的缺点和错误，正视自己的问题和不足，对于影响到自己前途的问题努力克服，坚决改正。有针对性地制定自己的提升和发展目标，在职场生涯中不断进步，成为强者。老子说，"知人者智，自知者明。"能正确认识别人的人是智慧的，能正确认识自己的人是聪明的。真正聪明智慧的人应该既能正确认识别人，也能正确认识自己。自知是成功的前提。

（2）自尊——不为先天不足而自卑。自尊是决定每个人成功还是失败的重要因素。自尊是对自己的一种评价和体验，是具有积极意义的品质。不为某些不足而自暴自弃，而是具有强者心态，不甘示弱，奋勇争先，活得坚强，活得有志向、有价值。孟子说："自暴者，不可与有言也；自弃者，不可与有为也。"意思是对自己没有信心的人，不能和他谈出有价值的言论；自己抛弃自己的人，不能和他做出有价值的事业。自尊是成功的基础。

（3）自信——别对自己说不可能。自信是发自内心的自我肯定与相信。对自己的奋斗目标充满信心。美国布鲁金斯学会有句经典名言："世界上有许多事情，不是因为难以做到才失去信心，而是因为失去信心才显得难以做到。"自信是成功的风帆。

（4）自强——成功的源泉。不少聪明人一生庸庸碌碌、一事无成，缺的不是智力，而是自强。固然，人的智商和天赋是有差别的，但这并不是能否成才的决定因素，成才的决定因素是自强。只要自强不息，就能战胜困难，夺取胜利。爱迪生发明电灯，经过试验的灯丝材料达1 600多种，失败31 600多次，最终成功，靠的是坚忍不拔的毅力；居里夫人为了提取一克纯镭，在简陋的石棚里辛勤奋斗了10年，不屈的毅力终于占了上风。

（5）自励——勤奋进取。天道酬勤，勤能补拙。有成就的科学家、杰出人才，成功的主要秘诀是"勤奋"。在前进的道路上，有鲜花盛开的大道，也有布满荆棘、陷阱的泥潭。困难、曲折、厄运可能会接踵而来，经常纠缠于身。只有靠勤奋、靠奋斗去战胜它。困难、曲折是人生之师，逆境、厄运是最好的大学。事实证明，钢铁是在烈火中锻炼出来的，人才是在困难中磨练出来的，"笨鸟勤飞"的结果是"笨鸟先飞"。每个人应在"勤"字上下功夫，勤思考、勤学习、勤做事。

鲨鱼效应对企业的启示

企业面对各种竞争与压力，学会变劣势为优势，学会利用、整合和发挥自身各种潜力资源是一种必然的选择，也是一种有效的选择。企业运用"鲨鱼效应"应从下面几个步骤着手：

（1）认清自身优势与劣势，制定远景规划。要认真、系统地分析自身的现状，认清自身的优势资源在哪里，认真分析自身的劣势资源是什么。在分析优劣的基础上，制定补短的远景规划和短期措施。

（2）改善薄弱环节，变劣势为优势。越是薄弱环节越是潜力所在，是最大的利润区，是"未被开采的金矿"。不断改善薄弱环节、超越自我，可以更快拉近、超越甚至甩开对手。

（3）做好资源整合，形成"专"与"精"文化。优势不应该只在一个点或一条线上，而应该用一种发散性的思维将各种优势有效整合起来，成为核心竞争力和整体优势。越是大型企业越要靠整合，才能发挥最强作战能力。

运用鲨鱼效应需要注意的问题

（1）重视互补。不仅是员工之间需要互补，而且企业与个人之间也需要相互补充，相互影响。个人通过企业督导和培训找到不足、改进不足，企业通过员工发现不足、弥补不足，不断完善，不断创新，二者缺一不可！

（2）用好长处。运用鲨鱼效应，不可因强调补短，而忽视扬长。有短不补，短处可能造成致命的危害；弃长不用，则是对资源的浪费。补短和扬长要视具体情况而定。

55. 雁阵效应

翱翔的雁阵把"人"字写在蓝天，足以显示目标的一致性、成员的合作性、团队的和谐性，值得人们深思和学习。

雁阵效应的由来

春初和秋末，迁徙的大雁总是结队为伴，飞行中后一只大雁的羽翼，能够借助于前一只大雁的羽翼产生的空气动力，使飞行省力。在高空飞行时，它们还根据天气、风向、气流的变化，不断变换着相适应的阵形，以此节省并更有效地利用每一份力量。每当一只大雁掉队，会立刻感到独自飞行的艰难与迟缓，会很快回到队伍。也就是说，编队飞行的大雁能够借助团队的力量飞得更远。

管理专家们将这种有趣的雁群飞翔原理运用于管理学的研究，把雁群的规模优势形象地称为"雁阵效应"。

雁阵效应的哲理

雁阵效应这种自然现象，蕴含着深刻的哲理。

（1）整体与个体关系。全局整体效能的提高离不开局部和个体的配合，全局整体效能的提高，也保证了局部和个体效能的提高。企业管理要求企业各个部门的行为要服从企业整体的行为，追求部门行为和整个企业行为的和谐一致，提高整体工作效能。企业整体效能的提高，必将影响、带动和促进部门工作效率和经济效益的提高。

（2）良性竞争，能者为先。大雁群飞是比着飞行，精力充沛者做头雁，头雁精力不足时及时退位，由其它大雁补位，展示出一个整齐而又富有生机的团队。时下，有些商家不愿做第一个吃螃蟹的人，总想等到市场上出现一个领军人物，然后再去拷贝他的模式，躲在后面避免危机和风险。这样看起来似乎很安全，其实难以为继，还孕育着风险。不辨市场风向，领头雁疲乏了或方向迷失了，却还习惯性地跟随，就会面临灭顶之灾。大量事实说明，谁要是害怕做出头鸟，那就意味着他永远低能，风险和危机将永远伴随着他。

雁阵效应的实例

案例："头雁工程"形成雁阵效应

江苏阜宁县实施"头雁工程"，培育和造就新农村建设带头人，近两年新选拔村书记70名。县委党校专门举办村书记大专学历培训班，提升他们的素质。

今年29岁的陈当艾在政策吸引下，辞职回乡担任金星村党总支书记，和4名村干部合股投入110万元，新建千亩大棚基地，带动周边116户农户搞大棚发家致富。永昌村原是一个落后村，镇民政干事魏克友下派任村党总支书记，短短一年多时间，永昌村一跃成为全市先进村、全县排头村。该村还与江阴华西村缔结友好村，着力打造苏北小"华西"。

"头雁工程"产生了良好的雁阵效应，激活了"经济末梢"，全县处处都能见到竞相创业的繁忙景象。村干部领办、合办工业项目866个，带动全县新增流转土地20.3万亩，新增"三大合作"组织162家，新增设施栽培面积3.7万亩，设施农业增幅全市第一，生态猪养殖总量全省第一。

雁阵效应的启示

一群迁徙的候鸟，能够通过分工合作达到省力、提速的飞行目的，知道如何为群体共同的目标而做出个体的自我牺牲。翱翔的雁阵把"人"字写在蓝天，足以值得人们深思和学习。

（1）目标的一致性。雁阵之优在于目标一致。大雁无论是南飞还是北飞，都因为有共同的目标，才"大家一起飞翔"，前后呼应、直达目标。团队也是如此，目标的一致性是团队建设的基石。团队与员工的利益和目标平衡一致，员工深感"不落单"，才会心甘情愿地跟随团队，并为之付出努力，实现共同目标。目标的不确定、方向的缺失，沟通的断裂，会引发价值观的分歧，导致计划的失败、目标的落空。

（2）团队的和谐性。雁阵体现的是团体的和谐，企业发展、队伍建设亦如此，善于向企业的总体目标对齐，才能抵御风浪。有些企业因为内部利益纷争，造成政令不通畅，资源得不到有效的配置与共享，使一些正常工作受到影响和干扰，应有的效益得不到体现。现代协同论认为，在一个组织里，要将诸资源要素或各种手段、方法联合运用，它们之间不仅能彼此相容，而且还相互支持、助长,起到相互强化的作用。这就需要树立企业一盘棋的观念,切实领会"皮之不存,毛将焉附"的深刻内涵,顾大局,谋大事,少一点"自我",多一点"大我";少讲"条件",多作"奉献",保持企业团队运作的和谐。

(3) 员工的合作性。现代企业的发展需要有一个精诚团结的团队,这对员工提出了"善于合作"的要求。一个员工要想成就一番事业,也必须学习大雁的智慧,成为雁阵中的一员,自发自动地飞翔。每个成员都必须忠诚于自己的团队,忠诚于自己的事业,做好自己的本职工作,为共同的目标不懈努力。要清醒地认识到,现有价值是组织给予的,当下拥有的能力,是依附组织这个舞台展现的。依靠组织,善待伙伴,做一只合群的大雁,才能在成长的征途上飞得更高、更快、更远。

运用雁阵效应需要注意的问题

(1) 注重激励。团队建设就是士气的经营。团队善于激励、鼓舞士气,让员工在心与心之间产生共鸣,达成默契;员工把同事当成啦啦队,在遇到挫折和沮丧的时候相互勉励,形成上下同心、互相激励的工作氛围,不断增强前进的动力,就能保证整个团队始终以高昂的斗志向前迈进。

(2) 改善结构。结构产生美,结构产生力量。一个企业团队远比雁阵复杂得多。改善团队结构,优化资源配置,充分挖掘和利用方方面面的积极性,才能提升团队的战斗力。

56. 拉锯效应

单枪匹马总是没有力量的。合群永远是一切善良人的最高境界。

拉锯效应的由来

锯子是木匠必备的常用工具。一般情况下，小锯子由单人使用，大锯子需要双人拉。将这一简单的分工合作原理运用于企业管理，就产生了拉锯效应。

日本有一家企业在招聘员工时，曾进行一场特殊的考试：他们把报考的人带到一个农场，并随机分成两人一组，然后发给每组一把锯子，要求将一根圆木头锯成两段。在锯圆木头时，有的组两个人配合不协调，快慢节奏不当，费了很长时间才把圆木头锯开；有的组两个人相互配合默契，用很短时间就把圆木头锯开了。

日本的这家企业别出心裁，把拉锯测试的结果作为录用员工的重要条件，惟妙惟肖，恰到好处，又发人深省。

在社会分工更加精细更加需要协调的今天，一个优秀的人才要发挥作用，必须善于与他人相互协作配合，否则将一事难成。

拉锯效应的哲理

拉锯效应阐释了协作配合的管理哲理，无论是对企业的团队建设，还是个人能力的施展，都有重要的作用。

（1）企业团队建设离不开"拉锯效应"。现代企业既强调分工，更注重合作。在一个组织涣散、人心浮动的企业里，一个人再有雄心壮志，再有聪明才智，也不可能得到充分发挥。只有懂得团结协作的人，才能明白团结协作对自己、对别人、对整个企业团队的意义，才会把团结协作当成自己的一份责任。木桶原理告诉我们，木桶装水的容量，不仅仅取决于最短的那一块木板的长度，更取决于木板与木板之间结合的紧密程度。同样的道理，一个团队的战斗力，不仅取决于每一个成员的能力，更取决于成员与成员之间的协作、配合。只有均衡、紧密地结合，形成一个强大的整体，才能迸发出无穷的力量。个人能力的突出并不能代表团队的优秀，只有团队整体优秀并且互相配合，才能所向披靡。这就是团队精神。要经营打理好企业团队，领导成员之间、下属之间以及领导者和下属之间都要注重培育和（和睦）合（合作）文化，打造同舟共济的团队精神，相互理解，相互支持，形成齐心协力、协调一致的局面，产生1+1>2的效果，促使企业不断发展。

（2）个人施展才智离不开"拉锯效应"。"单丝不成线，独木不成林。"一块块砖只有堆砌在一起才能成就高楼大厦，一滴水只有融入大海才能获得永存。同样，一个人不论是伟人还是平常百姓，力量总是有限的，而集体的力量却是不可估量的。一个人无论能力多强，必须长于合作和配合，善用众人的智慧和力量。只有融入集体、借助团队这个平台，与他人友好协作，默契配合，做一名"拉锯"的高手，才能不断提升和超越自我，实现人生价值，甚至创造惊世伟业。正如歌德所说："不管努力的目标是什么，不管他干什么，单枪匹马总是没有力量的。合群永远是一切善良人的最高境界。"

拉锯效应的实例

案例：招聘

某公司拟招聘3名管理人员，12名优秀应聘者从数百人中脱颖而出，进入复试。

工作人员随即将12名复试者分成甲、乙、丙、丁4个组，每组3人。指定甲组调查婴幼儿用品市场，乙组调查学生用品市场，丙组调查中青年用品市场，丁组调查老年用品市场。

两天之后，12个人分别将市场调研报告送到主考那里。主考一一看完后，高兴地说："恭喜甲组，你们3个人被录用了。因为4个组的成员中，只有甲组的3个人互相借用了他人的资料，补全了自己的市场分析报告，而这正是我们公司需要的具有团结协作意识的人才。应聘者即使是天才，若不善于团结协作，我们也不会录用。因为在现代企业中需要不同类型、不同性格的人共同努力，团结奋进，把各自的优势发挥到极致，如果缺乏团队精神，难以成功。"

事后，丙组的一位应聘人员深有体会地说："当我加入这个小组时，希望自己被录取，于是把别人当做竞争对手，提防、算计对方。不过经历了这件事，总算认清了一个道理：对团队负责，才能对自己负责。仅考虑个人利益，忽视团队利益，不与团队成员真诚合作，团队利益和个人利益都将不保。"

拉锯效应的启示

随着科学技术的进步、生产力的提高，人工拉锯作业越来越少，而拉锯效应却显得越来越重要。团结协作是现代人应具备的基本品质之一，也是成功的企业团队所需的重要财富。只有学会拉锯、善于拉锯，才能适应形势，提升和实现自身的价值。

（1）善于"接锯"是团队成员的重要能力。人是社会人，都不能孤立存在，都需要与他人共事。随着现代工业文明的发展，社会专业化分工越来越细，协作配合也越来越重要。每项工作的完成都离不开团结协作，离不开与他人的沟通与交流。拉锯效应启示我们，一个缺乏团结协作精神的人，难以在社会上立足，不可能取得大的成功。只有在沟通中传递信息，在交流中相互学习，在工作中加强协作，才会做得更好。

（2）重在培育团结协作精神。团结协作是每个社会成员应当具备的基本品质之一。近年来一些企事业单位在招聘、引进人才时，把团结协作能力作为一项重要的考核内容，如果一名员工不会协作，不能融入一个团队，就会被用人单位拒之门外。由于当代的新员工基本上都是独生子女，再加上受社会上不良因素的影响，有些员工自我意识强，协作意识差，需要大力培育团结协作意识和团队共生意识。在提倡"心往一处想，劲往一处使"的协作精神时，还须培养密切配合的良好习惯，以营造和谐工作环境和人际关系为前提，引导员工增强团结协作意识，确立克己容人的处世态度；以建立畅通、和谐的沟通渠道和信息反馈平台为基础，广开言路，集思广益，增加信息共享，让员工更加深入了解和热爱自己的企业的团队；以丰富多彩的集体活动和业余文化生活，增强团结协作意识，产生协同效应。

（3）领导率先垂范，营造团结协作的良好氛围。团结，是一个领导班子的凝聚力和战斗力的象征，是一个领导班子整体形象的标志。领导班子的团结和统一，各级管理层的齐心协力，有利于推动工作的良性发展，有利于核心力量和中坚力量的形成。团结协作精神是企业团队生存的动力和灵魂。

运用拉锯效应需要注意的问题

（1）不要忽视自身技能的提升。我们不能只重视配合，而忽视个人业务能力的提升。世界著名的指挥家卡拉扬说："我只强调三个音，来使我的乐队变成团队。首先强调'起音'，起音不齐，乐曲就乱。第二是个人的"专业音"，不管是吹喇叭的还是打鼓的，要表现出自己在专业上认为是最好的、最高段的音。第三个音是'团队'，当你打出自己的专业音之后，还要考虑到整体，是不是会干扰别人。"所以，简单的强调配合是不够的，还应使组织中的每个成员具备其他成员不具备的特殊才能。强者的有效合作才能产生强大的合力。

（2）不要忽视团队的竞争。一个成功的团队主要靠合作，但不是没有竞争。团队成员要增强竞合意识，既有合作之意，又有竞争之心。合作积聚集体的智慧和力量，弥补个人不足。竞争是人性使然，是个人成长进步的动力。个人有追求、有动力，与他人合作才会不甘人后、倾其所能，充分发挥自身的能力，最终增强团队的力量。